AF590178

LA REINE DES PIEUVRES

JEAN BRUNO

LA REINE DES PIEUVRES

PARIS

A. CADOT ET DEGORCE, EDITEURS,

37, RUE SERPENTE, 37

1866

LA
REINE DES PIEUVRES

I

Une robe déchirée.

Le mois d'avril venait de chasser de Paris les panaches de fumée noire et les brouillards glacés, arrière-garde de l'hiver. Les hirondelles commençaient à tourbillonner autour du Panthéon, et les Parisiennes se hasardaient depuis deux jours dans les rues en mantelets d'été et en chapeaux de paille.

Le printemps montrait de tous côtés ses joyeuses guirlandes de fleurs.

Au moment où la neuvième heure du soir sonnait

à la mairie de la rue Drouot, un jeune homme de haute taille, à la tournure distinguée, sortit d'un magasin de modes du boulevard Montmartre, traversa la foule et se dirigea vers la chaussée.

Mais en arrivant au bord du trottoir, il marcha involontairement sur la robe d'une dame et la déchira.

Il soulevait déjà son chapeau pour présenter ses excuses, quand la dame furieuse l'apostropha en ces termes :

— Grand étourneau !... vous ne voyez donc pas où vous marchez !

— Pardon, madame, balbutia le jeune homme troublé ; croyez à tous mes regrets...

— Cela ne se passera pas ainsi ; il y a deux lés en lambeaux... ma robe est perdue...

— Je suis navré de ma maladresse...

— Navré, ça m'est bien égal...

— Cependant...

— Vous me la paierez ou sinon...

Ces derniers mots produisirent un effet auquel la dame était loin de s'attendre. Les traits du jeune homme, un instant contractés par l'ennui de servir de point de mire aux badauds, se rassérénèrent tout à coup, et il ouvrit son porte-monnaie en disant galamment :

— Veuillez fixer vous-même la somme, madame...

La propriétaire de la robe, petite femme grassouillette d'une trentaine d'années, regarda curieusement le jeune homme pendant quelques secondes et lui répondit ensuite d'un ton effrontément familier :

— Tiens, j'ai de la chance... vous êtes gentil...

— J'ai l'honneur de vous rappeler que j'attends vos ordres...

— Ah ! bah ! entre gens bien élevés, on ne regarde pas à une pareille misère.

— Je vous ai causé un préjudice, il est juste que je vous en dédommage...

— Vous y tenez, soit... Venez me voir un de ces jours, je suis chez moi jusqu'à midi... voici ma carte...

Le jeune homme allait s'excuser de ne pouvoir accepter cette étrange invitation, quand une voix légèrement enrouée prononça ces mots derrière lui :

— Je vous y prends encore, Turette; c'est la troisième fois depuis ce matin...

Le ton de cette voix frappa le jeune homme, et il tourna vivement la tête.

— Rigobert ! s'écria-t-il ébahi.

— Paul de Cherlieu ! répondit le nouveau venu en lui tendant la main ; par quel hasard...

— Ah ! mon cher Rigobert, que je suis heureux de te rencontrer...

— Et moi donc... n'étais-tu pas mon *copin* au lycée de Dijon...

— Ils se connaissent, murmura entre ses dents la dame ; eh bien ! tant mieux !

Avant de continuer notre conversation, permets-moi de terminer une petite affaire que je traitais avec madame quand tu es arrivé, dit Paul de Cherlieu à son ami.

— De quoi s'agit-il donc ?

— D'une maladresse de ma part... j'ai marché sur la robe de madame, et ma foi...

— Ce n'est que cela, reprit Rigobert en riant, alors l'affaire est arrangée... Turette, je vous rends mon estime...

— Heu ! vilain jaloux... Vous savez que je finirai par perdre patience...

— Ce sera parfaitement inutile, car vous serez obligée de la retrouver...

— Vous l'entendez, monsieur ; c'est un tyran sanguinaire... ne le fréquentez pas si vous tenez à votre repos...

— Paul sourit, et Rigobert dit à la dame d'un ton qui n'admettait pas de réplique :

— M. Paul de Cherlieu est baron, c'est assez vous dire qu'il tient fort peu à être vu sur le boulevard avec mademoiselle Turette Fromageot. Faites-nous donc l'honneur de nous quitter au plus vite...

— Où vous reverrai-je ?

— Dans vos rêves, je serai un cauchemar implacable pour vous, si vous abandonnez une seule minute le sentier épineux du devoir.

— Est-il étonnant...

— Dans tous les cas, je passerai à onze heures au café *Mazarin*, section des philosophes...

— Vous m'y trouverez.

— Je le sais parbleu bien...

Paul s'inclina pour répondre au salut câlin de mademoiselle Turette Fromageot ; il glissa ensuite amicalement son bras sous celui de Rigobert et lui dit :

— Eh bien ! mon ami, comment va le monde des artistes depuis trois ans ? car je ne t'ai pas vu lors de ton dernier voyage à Dijon...

— Le monde des artistes, répliqua Rigobert en brandissant sa canne, je te conseille de m'en parler...

— Pourtant il me semblait...

— Pour vivre dans une telle société il faut une organisation spéciale...

— Oh ! oh !

— Une organisation incomplète plutôt... Paul, écoute-moi... La vie d'artiste est une plaisanterie funèbre ; ceux qui prétendent y rencontrer le bonheur sont des hypocrites ou des fous...

— Tu as dû éprouver de bien grandes déceptions...

— Un fait les résume toutes...

— Ah !...

— Il y a dix-huit mois, on avait organisé une exposition supplémentaire.

— Le salon des *refusés !*

— C'est cela.

— Eh bien ?

— Eh bien ! on a *refusé* d'y admettre mes œuvres...

— Ah ! mon pauvre Rigobert...

— J'ai été la victime d'une coterie d'envieux ; mais je me suis vengé...

— Triste consolation !

— Pour toi, peut-être; moi, c'est différent, je suis de la vieille école, tu sais...

— Enfin tes ennemis ont été confondus ?

— C'est-à-dire que j'ai reçu un coup d'épée dans le bras avant d'abdiquer...

— Joli dénouement, tu aurais mieux fait de prendre philosophiquement ton parti.

— Il a bien fallu en arriver là... Un beau jour, outré de l'ingratitude du public, j'ai jeté la palette pardessus l'école des Beaux-Arts et je me suis fait courtier marron à la Bourse...

— Ce n'est pas possible ? dit Paul ébahi.

— Hausse, baisse, prime, report, escompte, réserve, liquidation... voilà le spirituel langage que je parle chaque jour de midi à trois heures, sans préjudice de la soirée, aux crédules bipèdes qui se livrent à la chasse du problématique gibier million.

— Et tu es satisfait de ta position ?

— Hum ! assez... Cependant il y a des instants où le client regimbe comme un disciple d'Aliboron, las de subir les brutalités de son cornac... On dirait que ces naïfs *boursicotiers* s'aperçoivent enfin que le véritable gagnant est le chandelier, sous lequel passent peu à peu tous les capitaux engagés dans ces tripotages. Mais le voile bienfaisant de l'avidité couvre heureusement leurs yeux et les livre pieds et poings liés à la discrétion du bordereau...

— Il me semble, mon cher Rigobert, que tu fais là un assez triste métier...

— C'est un peu vrai ; mais si l'on voulait être trop scrupuleux il n'y aurait pas même de l'eau à boire sur l'asphalte du boulevard.

— Eh bien ! change d'air, reviens dans la Côte-d'Or.

— Tu veux dire la côte de fer...

— Allons, tu es fou.

— Je suis sage. Penses-tu que les respectables édiles de ma ville natale soient disposés à me fournir chaque année les douze mille francs que je dépense ici...

— Avec des drôlesses ?

— Décidément tu connais Turette Fromageot.

— Ainsi le souvenir de la vieille Bourgogne n'a plus même le pouvoir de faire battre ton cœur ?

— Tu parles bien comme un homme étranger aux

affaires d'argent. Du haut des tourelles du château de Cherlieu, dont les dépendances rapportent vingt-cinq mille livres de rente, il est facile de professer de poétiques principes...

— Il me prend pour un petit Lamartine, dit le baron en souriant. Allons, je conviens que j'aurais mauvaise grâce à te sermonner plus longtemps; mais je puis bien te dire que je serais très-heureux de te voir revenir à Dijon.

— Pour y mourir de faim?

— Mon ami...

— Cela m'arriverait avant un an; et ce qu'il y aurait de plus triste dans cette affaire, c'est que tu passerais bientôt à côté de moi sans me serrer la main...

— Une telle supposition...

— Ose dire que lorsque je serais hâve, déguenillé, grossier peut-être, — car on devient ainsi dans la misère, — ose dire que tu me donnerais la main en plein jour à la promenade?...

— Tu exagères tout...

— J'en étais sûr... Crois-moi, mon cher Paul, prenons de la vie ce qu'elle peut nous donner de bon, et ne soyons pas trop sévères dans nos jugements.

— Tu as peut-être raison...

— Maintenant que je t'ai fait ma confession générale, à ton tour...

Les deux jeunes gens allumèrent des cigares, montèrent en voiture et dirent au cocher de les conduire au pas vers les Champs-Elysées.

Le baron Paul de Cherlieu, orphelin dès l'âge de douze ans, passait au lycée de Dijon, où il avait été élevé, pour un jeune homme doux, serviable, foncièrement honnête, mais enclin à la faiblesse.

Tristan Rigobert, son ami, était le fils d'un marchand de pain d'épices en gros, qui avait fait de mauvaises affaires, sans cependant déposer son bilan. Le jeune Rigobert était regardé à Dijon comme un *bon enfant*, car il avait le poignet solide, le verbe haut et l'esprit frondeur. Son intelligence ne dépassait pas certaines bornes connues, et ses principes suivaient assez fidèlement l'oscillation des fonds publics.

Quand la voiture fut en route, Paul se tourna vers Tristan Rigobert et lui dit d'un ton sérieux :

— Tu as sans doute entendu parler de mon mariage?

— Ah! mon Dieu! s'écria Rigobert en faisant un soubresaut.

— Oui, mon cher Tristan; j'ai épousé il y a trois mois mademoiselle Ernestine de Pontorge...

— Baoum! un homme à la mer...

— C'est possible, reprit Paul en souriant; mais les flots conjugaux sont doux et parfumés...

— Quoi! tu as l'audace de te dire heureux?

Le jeune homme leva les yeux au ciel avec une

indicible expression de béatitude, et murmura en serrant la main de son ami :

— La réalité a dépassé mes plus ambitieuses espérances...

— Tu abuses de ma crédulité.

— Ecoute, Tristan; il y a des instants où je me retire dans quelque profonde solitude, et là, dégagé de toute influence extérieure, je me demande sérieusement si je ne suis pas le jouet d'un rêve?

— Mon ami, il faut te soigner...

— Que puis-je te dire... ma femme est un enchantement continuel... bonté, délicatesse, esprit, elle possède tout... et quant à sa beauté, il faudrait les pinceaux du Sanzio ou la plume du Tasse pour en donner une idée véritable...

— Allons, tu es ensorcelé...

— C'est peut-être de la faiblesse, mais mon cœur déborde quand je parle d'Ernestine; du reste, tu la verras bientôt.

— Cette merveille est donc à Paris?

— Non, elle y arrivera seulement dans une quinzaine de jours. Je suis venu pour préparer un appartement digne de la recevoir...

— Tu quittes la campagne au printemps?

— C'est afin d'être plus libre ici.

— Ah!

— Oui, en cette saison nous serons allégés des relations sociales qui absorberaient une partie de notre temps pendant l'hiver. Ma femme connaît à peine un ou deux quartiers de Paris, et je me fais une fête de lui montrer l'immense ville sous tous ses aspects... Tiens, au moment où j'ai eu la maladresse de marcher sur la robe de... cette dame, je sortais de chez la modiste de la baronne...

— Ah !

— Oui, j'y étais entré pour faire hâter l'expédition d'une toilette de voyage.

— Tu t'occupes de ces détails, dit Rigobert.

— Je n'éprouve jamais d'aussi vif plaisir que lorsque je peux être agréable à ma femme, répliqua le baron avec simplicité.

— Mes compliments sincères...

— Merci; mais si tu veux m'en croire, marie-toi, mon cher Tristan, c'est la seule position dans laquelle on puisse bien apprécier le mot bonheur...

Le courtier hocha la tête sans répondre. Un sourire de doute erra un instant sur ses lèvres, puis il jeta tout à coup son cigare en murmurant :

— Pouah ! quelle exécrable drogue...

II

L'affût.

A dix heures et demie à peu près, mademoiselle Turette Fromageot se dirigea vers le café *Mazarin.*

Elle s'arrêta à la terrasse.

Les habitants de la province ignorent pour la plupart certaines conventions de langage dont l'usage est général à Paris. Ainsi, en idiome de limonadier, le mot terrasse désigne l'emplacement occupé par des tables dressées devant le café.

Depuis quelques années la police, émue de deux ou trois scènes scandaleuses, causées par des dames trop libres à la porte de plusieurs cafés des boulevards du centre, a invité les chefs de ces établissements à ne pas recevoir ces dames sur la terrasse lorsqu'elles ne sont point accompagnées.

En général ce réglement est respecté. Néanmoins les astucieuses créatures pour lequel il a été spécialement fait parviennent à l'enfreindre assez souvent. D'un coup d'œil elles reconnaissent, à quelques signes particuliers, le bonasse client qui consentira à les recevoir à sa table et même à payer leur dépense.

Quand cet homme privilégié leur fait défaut, elles s'installent résolûment en demandant deux consommations. Il est rare qu'elles n'aient pas atteint leur but avant que le garçon se soit aperçu que le cavalier de ces belles dames se nomme M. Tout-le-monde.

Turette excellait dans ces petits tours de passe-passe. En arrivant devant le café, elle avisa un gros monsieur entre deux âges, dont la bouche était ornée d'un énorme havane. Elle se dirigea de son côté sans sourciller et lui tendit la main.

— Comment cela va-t-il ? il y a un siècle qu'on ne vous a vu... lui dit-elle.

— Madame, je n'ai pas l'honneur...

— Ah ! mille pardons, je me trompe... je vous prenais pour le comte de Croix-Robert...

L'étranger se rengorgea en souriant. Il était évident que sa prétendue ressemblance avec un comte quelconque caressait sa fibre vaniteuse.

— Je serais très-flatté d'être la personne que vous

venez de nommer, répondit-il d'un ton aimable, malheureusement je ne suis pas noble...

— Cela m'étonne, vrai...

— Madame...

— Voulez-vous me permettre de prendre la chaise qui est vacante à votre droite?

— Comment donc, mais je suis fort honoré de cette préférence.

— Si vous n'y voyez pas d'inconvénient, je vous demanderai aussi la permission de faire placer ma consommation auprès de la vôtre, car la table voisine est embarrassée...

— Tout ce que vous voudrez, madame...

Turette gratifia le galant étranger d'un gracieux sourire. Dix minutes après elle savait de lui qu'il se nommait Brugeon, qu'il était maître de forges dans le Jura, qu'il avait une femme acariâtre et maladive, un fils au lycée de Besançon, une fille bossue, et qu'il gagnait une quarantaine de mille francs par an...

Turette réfléchissait profondément à l'emploi de quelques combinaisons diplomatiques destinées à sonder la sincérité des allégations du maître de forges, quand elle découvrit une jeune femme dont le regard la troubla.

Cette jeune femme, mise avec élégance et bon goût, était assise à l'angle le plus solitaire de la terrasse. Elle se blottissait en frissonnant dans son manteau de velours, et ressemblait à une chatte d'Angora subitement transportée sous le ciel de la Norvége.

Si on la jugeait par ses traits mignons, elle paraissait mince et délicate. Ses grands yeux bleus remplis de langueur, son petit nez effilé,ses lèvres vermeilles comme la chair d'une grenade faisaient merveilleusement ressortir la blancheur éblouissante de son teint, et donnaient une expression de douceur infinie à son visage.

De nombreuses boucles, échappées de son opulente chevelure blonde, se jouaient gracieusement sur son beau front, abrité par une voilette qui ne dépassait pas les sourcils.

L'attitude de cette jeune personne était ravissante. Soit que cette attitude fût le résultat de sa grâce naturelle, soit qu'elle fût étudiée, elle offrait un admirable modèle de beauté plastique.

Le regard de cette dame était rivé sur Turette. La grosse fille s'excusa auprès de Brugeon, le quitta en lui remettant sa carte, — oubliant bien entendu de payer sa consommation, — et se dirigea aussitôt vers la personne qui la regardait.

— Pourquoi n'êtes-vous pas venue ce matin, ainsi que vous me l'aviez promis? lui dit la jeune femme en lui désignant une chaise.

— Ma chère madame Montmorin, croyez bien que j'ai eu des empêchements... majeurs.

— Vous êtes sans doute en mesure de me renseigner?

— Pas encore aujourd'hui, mais j'espère bien...

— Ah ! moi, je n'espère plus.

— Madame...

— Je vous donne trois jours, ce délai passé, je remettrai vos pièces à l'huissier.

— Songez donc aux difficultés qu'il y a à surmonter. Ce monsieur, qu'on dit être un prince géorgien, vit au milieu de sa famille dans un hôtel peuplé de valets.

— Corrompez-les.

— Ils baragouinent une langue impossible, et le suisse, qui est le seul homme parlant français dans la maison, n'est à son service que depuis dix jours...

— S'il en est ainsi, nous verrons... je réfléchirai...

— Comme vous êtes bonne, madame...

— Vous vous garderiez bien de dire le contraire. Avez-vous au moins appris quelque chose touchant le comte de Blanche-Fontaine ?

— Pour celui-là je suis fixée.

— Ah ?

— Il ne se nomme point Blanche-Fontaine, et sa couronne de comte est tout simplement une casquette d'employé aux Eaux de la ville.

— C'est un fourbe adroit, passons...

Les deux femmes se rapprochèrent, et leur conversation prit bientôt un caractère plus intime.

A onze heures environ, le baron et Rigobert quittèrent leur voiture et se dirigèrent vers le café *Mazarin*.

En approchant de la terrasse, le courtier découvrit Turette et madame Montmorin occupées à consulter l'*Almanach des Adresses*.

— Le hasard nous est favorable, dit-il à Paul, je vais te présenter à la plus jolie femme de Paris.

— Où allons-nous donc ?

— Ici, répliqua Rigobert en se faufilant entre les tables qui garnissaient le trottoir.

— Attends un peu, reprit le baron qui arrêta le courtier par le bras.

— Tu refuses de me suivre ?

— Non ; mais je voudrais savoir où tu me mènes, et quelle est la personne à laquelle tu veux me présenter...

En ce moment, Turette leva la tête et fit un petit signe d'intelligence aux deux jeunes gens. Le regard de madame Montmorin suivit naturellement la même direction. Paul put alors la voir en plein visage... Ses yeux rencontrèrent ceux de la séduisante blonde, et il ressentit un tressaillement nerveux et saccadé assez semblable à une commotion électrique.

Obéissant à un mouvement instinctif de prudence, le baron fit quelques pas en arrière...

— Que te passe-t-il donc par la tête ? lui demanda Rigobert en le rejoignant, tu attires sur nous l'attention des badauds.

— Je te demande pardon, mon ami, mais je ne

désire pas me lancer dans les aventures; dis-moi d'abord quelle est cette dame ?

— Comment, tu es farouche à ce point...

— On ne refait pas son caractère ; d'ailleurs, j'ai maintenant certaines convenances à garder...

— Ah ! bah !... c'est l'effet que le mariage te produit. Il fallait le dire de suite, au lieu de te ramener sur le boulevard, je t'aurais conduit chez les trappistes...

Paul de Cherlieu, habitué dès son enfance aux boutades de Rigobert, reprit en souriant :

— Tu serais bien embarrassé pour m'indiquer le chemin de leur maison.

— Enfin, que décides-tu ? Si tu refuses de m'accompagner, je vais être obligé de te quitter, tu sais qu'on m'attend...

— Je crois que mademoiselle Fromageot a fait provision de patience.

— Faut-il te dire bonsoir ?

— J'aimerais mieux rester avec toi, car je n'ai pas la moindre envie d'aller dormir ; mais...

— Mais ?

— Dis-moi franchement quelle est cette dame ?

— Une *pieuvre*...

— Une pieuvre... qu'est-ce que cela signifie ?

— Comment, tu en es encore là ?... Ah ! mon pauvre Paul, dans quel monde vis-tu donc ? Il y a plus de deux mois que les naturels de Molinchart sont initiés aux mystères de cette nouvelle expression...

— Mets-moi de suite au-dessous d'un Molinchartois, et daigne m'instruire.

— Tu n'as pas lu les *Travailleurs de la mer* ?

— Je l'avoue.

— Homme sans courage... Il y a dans ce livre une espèce de monstre marin, l'*octopus*, appelé pieuvre par les habitants de certaines contrées de la Manche, qui livre un combat terrible à un pauvre diable de matelot; combat dans lequel le dangereux mollusque emploie d'une façon effrayante la puissance de ses bras rendus formidables par l'immense quantité de ventouses qui les garnissent...

— Je me demande ce que l'*octopus*, le poulpe ou la pieuvre, — peu importe le nom, — a de commun avec la ravissante jeune femme que je viens d'apercevoir ?

— Rien suivant moi. Mais les moralistes modernes, — race fureteuse et méchante, — prétendent que, comme le polype dont elle porte le nom, la pieuvre saisit, avec ses tentacules armés de puissantes ventouses, les hommes qui ont l'imprudence de se mettre à la portée de ses dangereuses étreintes...

— Ah !...

— Et qu'elle suce ensuite leur or, leur jeunesse et

leur honneur jusqu'à ce qu'elle ait réduit ces malheureux à l'état de cadavres...

— Ce sont là de grandes exagérations...

— Évidemment, ajouta Rigobert en riant.

— La raison se révolte à l'idée d'admettre qu'un homme soit assez niais pour se laisser séduire par les momeries intéressées de ces aventurières, dit le baron.

— Halte-là, Paul. De plus forts que toi ont laissé entre les mains de ces dames leur dernière dent de sagesse avec leur dernier écu...

— Mon cher Tristan, permets-moi de te le répéter; je crois peu à ces merveilleuses fascinations. Elles peuvent tout au plus servir d'excuse aux folies de ceux qui ont l'habitude de vivre dans le désordre.

— C'est ton avis !

— Un homme qui a la conscience de sa dignité s'arrête toujours à la ligne de démarcation où la crédulité se convertit en bêtise.

— Allons, je vois que tu traites la question *ex professo*.

— C'est de la logique banale, tout le monde en use, dit le baron en haussant les épaules.

— Ah! pour cela non; je suis moi-même le premier à l'enfreindre.

— Tu te plais à le dire.

— Enfin... Dans tous les cas je te conseille de ne pas accorder trop vite un brevet d'incapacité à cette petite diablesse rose qui nous regarde, dit Rigobert. Si elle ne sème pas les cadavres sur son chemin, je puis t'assurer qu'elle mène fort rondement les écus de ses amis... Mais pour t'édifier à son sujet, viens causer un peu avec elle,

— Eh bien ! non...

— Décidément ?

— Décidément.

— Allons, tu as peur.

Paul de Cherlieu sourit.

— De qui donc ? demanda-t-il,

— De la pieuvre, parbleu !

— Tu es fou...

— Oh ! oh !... j'ai une opinion à cet égard.

— Ma foi, je te la laisse.

— Sais-tu, mon cher Paul, que ta pusillanimité pourrait inspirer de sérieuses inquiétudes à madame la baronne de Cherlieu, si elle la connaissait.

— Tu viens de prononcer fort à propos le nom de ma femme, répliqua le baron d'un ton ému ; bonsoir...

— Tu pars ?

— Oui.

— La déroute est complète.

— Il y a des retraites honorables... Je t'attends vendredi à onze heures pour déjeuner.

— Compte sur moi.

Paul serra la main du courtier et se dirigea vers la chaussée pour y chercher un cabriolet.

Lorsqu'il eut quitté le café, Nina Montmorin dit à Rigobert qui s'asseyait auprès d'elle :

— Il est un peu sauvage votre ami.

— Non ; c'est au contraire un charmant garçon ; mais il a des affaires...

— On les confie à son intendant...

— Il aime mieux s'en occuper lui-même ; c'est un homme rangé.

— Et marié ?

— Si peu... il y a à peine trois mois qu'il navigue sous le pavillon conjugal...

— Je vois qu'il redoute les naufrages...

Rigobert ne répliqua pas et s'occupa d'allumer un cigare.

Turette Fromageot achevait sa deuxième bavaroise. Quand elle eut replacé son verre sur la table, elle s'essuya les lèvres et dit d'un petit air sournois :

— Marié ou pas, il est gentil... il a surtout une bonne tête...

— Je crois que votre ami est baron ? reprit Nina au bout d'une minute.

— Et il a un château flanqué de vingt-cinq mille livres de rente, oui madame, répondit le courtier.

— Seulement vingt-cinq mille livres de rente ?

— Il me semble que c'est assez joli, répliqua

brusquement Rigobert, qui crut voir dans cette réflexion une épigramme sur la médiocrité de ses propres ressources.

— Peuh! fit Nina en avançant avec dédain sa petite lèvre rose.

— J'ai faim! s'écria tout à coup Turette, après avoir adressé un dernier signe au maître de forges, au moment où il passait devant elle pour se retirer; allons-nous souper?

— Allons souper, dit Rigobert en se levant. Puis se retournant vers madame Montmorin, il ajouta : J'espère, madame, que vous me ferez l'honneur d'accepter le rogaton de l'amitié?

— Mille remercîments, je ne mange pas au cabaret quand je puis m'en dispenser.

— C'est vrai, dit Turette.

— Je suis désolé de ce contre-temps...

— Il y a bien un moyen d'arranger les choses, reprit Nina, venez chez moi. On me tient toujours en réserve quelque aile de volaille ou quelques petits fours à grignoter...

Cependant Paul de Cherlieu était encore dans le voisinage. Plusieurs cabriolets vides étaient déjà passés devant lui sans qu'il eût semblé les apercevoir.

Il se promenait d'un air indécis, et ses traits exprimaient une assez vive préoccupation.

— Il est bon d'éviter les occasions de désordre, se

disait-il, et j'ai agi sagement en refusant de me faire présenter à cette dame... Elle est très-jolie, assurément, il y a quatre mois je ne me serais pas fait prier pour aller souper chez elle... Mais aujourd'hui, je suis marié... et surtout heureux...

Il faudrait être fou pour céder à la curiosité de l'entendre babiller pendant quelques minutes...

Cependant, elle doit être très-drôle quand elle a deux doigts de champagne dans la tête... Non-seulement drôle, mais encore... Quels yeux magnifiques!... quelle opulente chevelure!...

Si ces créatures voulaient rester sages pourtant... Allons, suis-je assez simple... De quoi vais-je m'aviser? La sagesse et ces pauvres filles ne peuvent rien avoir de commun... On a beau polir le cuivre, il n'aura jamais les propriétés de l'or...

Sous l'influence de ce soliloque, le baron se rapprocha de la chaussée. Mais il était à peine à cinq pas lorsqu'il s'arrêta de nouveau, une autre idée venait de se loger dans son esprit.

— Que va penser de moi Tristan? se demanda-t-il... Il a eu raison de me dire que ma retraite ressemble à une déroute... j'ai l'air d'un écolier qui craint la férule...

Quel crime aurais-je commis en causant pendant quelques minutes avec cette jeune personne? Pour qu'un homme marié goûte vraiment le bonheur auprès de sa femme, il faut qu'il n'y soit retenu que par l'affection et la sympathie... Les liens violents engendrent du reste presque toujours des idées de rébellion...

Enfin, ne serai-je pas libre de me retirer quand je le jugerai convenable...

Paul n'hésita plus, il reprit résolûment le chemin du café *Mazarin.*

Il rencontra Rigobert qui en sortait avec madame Montmorin et Turette.

— Est-ce possible... tu viens faire amende honorable? lui dit le courtier un peu surpris.

— A peu près...

— Voilà de la franchise.

— J'ai craint de m'ennuyer, et ma foi...

— Tu as voulu mettre l'amitié à contribution; merci... Madame, permettez-moi de vous présenter M. le baron de Cherlieu, mon ami...

— Pourquoi n'ajoutez-vous pas : qui désire devenir le vôtre, répliqua Nina en jetant un regard scrutateur sur Paul.

— Rigobert n'aime pas les banalités, dit le baron en s'inclinant; et comme il suffit de vous voir pour éprouver aussitôt le besoin de capter vos bonnes grâces, il a jugé inutile de le dire...

— C'est cela même, ajouta le courtier.

— Vous êtes tous très-aimables, je le reconnais, dit

Turette; mais le plaisir que je prends à vous entendre ne m'empêche pas de songer au souper...

— J'espère, madame, que la présence de mon ami ne modifiera en rien vos projets, dit Rigobert à Nina.

— De quoi s'agit-il donc? demanda Paul.

— C'est ce qui vous trompe, répondit la pieuvre au courtier en enveloppant le jeune baron dans un langoureux regard...

— Ah?

— La présence de M. de Cherlieu chez moi serait l'objet de mille fâcheuses interprétations... mes bonnes amies ne manqueraient pas d'exercer leur verve satirique...

— Mais je suis dans le même cas! s'écria naïvement Rigobert.

— Oh! vous, mon cher Tristan, c'est bien différent, répliqua Nina en accompagnant ses paroles d'un fin sourire; vous avez chez moi vos petites entrées depuis longtemps...

Nina s'inclina gracieusement devant Paul, qui cherchait à comprendre de quoi il était question, puis elle prit le bras de Turette et s'éloigna en décochant un dernier regard au jeune homme.

Paul fut un instant ébloui...

Les admirables contours de la taille de madame Montmorin dépassaient en ravissantes perfections tout ce qu'il avait pu rêver...

— A quoi penses-tu donc? lui demanda Rigobert en lui touchant le bras.

— A rien, mon ami... à rien...

— N'est-ce pas une charmante créature que cette pieuvre?

— Fi!... voilà un affreux mot... cette dame ne mérite peut-être pas qu'on le lui applique dans toute sa rigueur...

— Paul, prends garde, dit le courtier en souriant...

— Moi, allons donc...

— A la bonne heure...

Les deux amis se quittèrent à minuit sans avoir reparlé de Nina. Rigobert n'y songeait plus, et Paul de Cherlieu craignait peut-être de trop y songer...

III

La période d'incubation.

Paul passa une mauvaise nuit. Il dormit pendant une heure à peine, et son sommeil fut agité par des songes bizarres.

Il vit tour à tour défiler devant lui le café *Mazarin*, peuplé de séduisantes houris blondes qui lui adressaient des sourires charmants, puis des régiments de poulpes colossaux, et enfin, une véritable légion de diablesses roses...

Il s'éveilla en proie à une assez grande agitation et alluma sa bougie...

Peu à peu le calme rentra dans son esprit, et il se mit à réfléchir.

— Serait-ce le souvenir de cette jeune femme qui m'occupe ainsi? se demanda-t-il au bout d'un instant. Elle est fort jolie, j'en conviens; mais elle doit ressembler à toutes ces aventurières qui sillonnent l'asphalte du boulevard des Italiens... Ces créatures ont un certain vernis qui peut tromper un homme naïf pendant quelques jours; mais le naturel revient bientôt, alors l'ange s'envole et la courtisane reste...

On prétend qu'il y a quelques exceptions à cette triste règle, mon expérience personnelle me permet d'en douter...

Le jeune homme se donna mille excellentes raisons pour chasser le souvenir de Nina, et ne réussit qu'à exciter sa curiosité...

C'était une de ces idées tenaces dont on ne peut se débarrasser que par le temps.

Fatigué de cette lutte ridicule contre les moulins à vent de son imagination, Paul se jeta hors de son lit et alla à la fenêtre.

Il était descendu dans un hôtel de la rue de Castiglione.

La chaussée était déserte, et les becs de gaz qui brillaient sous les arcades n'éclairaient que la sentinelle du ministère des finances.

Le jeune homme vit passer plusieurs patrouilles,

qui se dirigeaient vers l'état-major de la place Vendôme, sans se rendre compte de ce que c'était... Il eut alors recours à un moyen héroïque, il essaya de relire les lettres de la baronne; lecture qui avait eu jusque-là le privilége de lui causer de tendres émotions...

Les lettres s'échappèrent de ses mains au bout de quelques minutes, et il se leva pour se promener...

Paul n'osait se remettre au lit, dans la crainte d'être de nouveau visité par des songes désagréables.

A six heures du matin, il s'habilla et ouvrit sa fenêtre. L'air était frais et pur, et le soleil dorait déjà le sommet des marronniers des Tuileries.

La rue commençait à s'animer. Tandis que les dernières charrettes des laitiers chargés d'approvisionner Paris disparaissaient du côté des boulevards, les ouvriers et les porteurs de pain émergeaient de la rue Saint-Honoré. On voyait, çà et là, une cuisinière matinale arrêtée avec un concierge soucieux de connaître ce qui se passait chez les locataires des maisons voisines.

Ce spectacle fut impuissant à changer le cours des idées du jeune homme. Il alluma un cigare et sortit bientôt.

Au bout de deux heures de promenade, il tomba, exténué de fatigue, sur une chaise des Champs-Élysées...

— En vérité, je ne me reconnais pas, murmura-t-il avec un violent dépit ; il y a près de quinze heures que je m'occupe d'une femme dont la vertu est à l'enchère... Allons, c'est assez de faiblesse ; je finirais par avoir une triste opinion de moi-même si cela continuait...

Paul alla déjeuner au café *Anglais*, en vrai provincial. Il mangea peu, but beaucoup et paya en nabab...

Il se disposait à aller rejoindre Rigobert, espérant que la joyeuse humeur du courtier achèverait de lui guérir l'esprit, lorsque son mauvais génie le conduisit devant la montre où Nadar expose le produit de ses ateliers de photographie.

La foule se pressait autour d'un portrait de femme de grandeur naturelle admirablement réussi.

Le baron reconnut aussitôt Nina Montmorin.

Il n'y avait assurément rien d'extraordinaire dans ce fait. Cependant Paul en fut vivement frappé.

Il se plut à détailler les traits séduisants de la jeune femme, et fut pendant une minute en proie à cette bizarre hallucination qui saisit quelquefois celui qui regarde un portrait bien exécuté. Il crut que l'image de la pieuvre lui souriait...

— C'est une personne splendide ! dit à côté de Paul un jeune gandin qui se caressait la moustache.

— Nina est la plus jolie femme de Paris, monsieur, ajouta un ex-lion du gouvernement de juillet.

Le baron s'avoua alors qu'il désirait revoir cette créature, dont les allures lui inspiraient cependant *nne vive* répugnance. Il obéissait à un sentiment vague, à une espèce de monomanie, de curiosité impossible à analyser...

Vers le soir, un éclair de raison traversa son cerveau. L'image enchanteresse de la baronne de Cherlieu illumina son esprit et y ramena un instant la calme et douce sérénité que les nobles sentiments peuvent seuls donner à l'âme...

— C'est décidé, murmura-il en s'arrêtant tout à coup sur le trottoir du boulevard des Capucines, je repars ce soir pour Cherlieu...

Enflammé par cette idée généreuse, il chercha aussitôt une voiture qui pût le ramener à son hôtel.

Mais un trait particulier aux résolutions spontanées de sagesse, lorsqu'elles n'ont pas été mûries par la raison, c'est d'échouer contre le plus petit obstacle.

Au coin de la rue de la Paix, Paul rencontra un ancien professeur du lycée de Dijon, et il causa avec lui pendant une vingtaine de minutes. Le nom de Rigobert fut naturellement prononcé plusieurs fois dans cette conversation.

En quittant son vieux professeur, le jeune homme se rappela que Tristan devait venir le prendre le lendemain pour déjeuner. Il s'exagéra aussitôt l'importance de cet engagement, et pensa qu'il commettrait un acte de félonie envers le courtier s'il quittait Paris sans le revoir...

Après une minute d'hésitation, Paul se dit qu'il serait tout aussi avancé d'attendre au jour suivant pour partir.

Il se rappela du reste avec une évidente satisfaction qu'il avait encore plusieurs commissions à faire pour sa *chère Ernestine*...

Les choses une fois arrangées ainsi dans son esprit, Paul releva aussi fièrement la tête qu'un banquier allemand restant calme devant les agaceries d'une dame du corps des ballets... Ne se doutant point, le candide baron, que sa petite victoire était une humiliante défaite.

Il passa plusieurs fois pendant la soirée devant le café *Mazarin* d'un air tout à fait frondeur.

Les jeunes femmes qui essayèrent d'attirer ses regards n'eurent pas trop à se louer de sa galanterie.

Cependant à dix heures, il commença à éprouver une émotion qui s'alliait mal avec ses allures de matamore. Ses regards devenaient timides et inquiets, et son cœur battait précipitamment en pensant que Nina pouvait lui apparaître d'un moment à l'autre...

Il venait de traverser la rue Drouot quand il vit,

à trois pas de lui, la jeune femme sortir de chez Cleverman et se diriger vers la chaussée où l'attendait un élégant coupé.

La pieuvre donnait le bras à un homme d'une soixantaine d'années, qui avait la tenue solennelle et prétentieuse d'un vieux diplomate.

Paul de Cherlieu ressentit une vive commotion intérieure.

La vue du cavalier de Nina lui causa une violente contrariété. Ce n'était point de la jalousie, dans le sens absolu du mot; mais c'était une espèce d'aveugle antagonisme, dont le jeune homme aurait été le premier à rougir s'il eût pu l'analyser de sang-froid.

Pour achever de lui tourner la tête, Nina lui fit, en passant auprès de lui, un gracieux salut accompagné d'un tendre regard et d'un charmant sourire.

Ce salut ne fut naturellement point aperçu du cornac de la pieuvre.

Paul sentit une flamme corrosive lui brûler le front... Il s'inclina gauchement en balbutiant quelques mots inintelligibles... Puis il releva tout à coup la tête, s'élança comme une flèche vers un cabriolet arrêté au milieu de la chaussée, et dit au cocher en lui désignant le coupé de Nina près de disparaître :

— Suivez cette voiture bourgeoise peinte en violet, s'il le faut, je paierai votre cheval...

Un cocher qui entend un pareil langage convertirait un bloc de marbre en hippogriffe.

Trois minutes après, le cabriolet du baron suivait le coupé de Nina à dix pas de distance.

IV

L'attaque.

Le lendemain, Rigobert trouva son ami dans un état de surexcitation difficile à décrire. Paul avait été dévoré par la fièvre pendant toute la nuit, et ce n'était qu'à huit ou neuf heures du matin que, brisé de lassitude, il avait goûté un instant de repos.

En cinq minutes le courtier fut au courant de ce qui se passait.

— Je te vois avec peine prendre au sérieux une femme de cette espèce, dit-il. En t'écoutant, il y a deux jours, parler avec enthousiasme de la beauté merveilleuse de madame de Cherlieu, je ne m'attendais guère à ce qui arrive...

Paul baissa les yeux d'un air embarrassé.

— Ma femme règne toujours en maîtresse absolue dans mon cœur... balbutia-t-il.

— Pardieu ! j'aime à croire que tu ne l'échangerais pas contre mademoiselle, ou plutôt madame Nina Montmorin...

— Tristan, ne faisons pas de ces rapprochements.

— Soit, mais que réclames-tu de moi ?

— Tu vas me touver bien faible...

— Bon ! tu veux que je te fasse rencontrer avec Nina ?

— Eh bien ! oui... C'est une fantaisie, un caprice, tout ce que tu voudras, mais je désire l'entretenir pendant quelques instants.

— Pour lui faire de la morale peut-être ?

— Tu abuses de ta position.

— Ecoute, Paul, je connais le danger que tu brûles d'affronter... Si tu avais un caractère trempé comme le mien, je te dirais : Satisfais tes désirs, car je serais sûr que tu ne laisserais, tout au plus, que quelques billets de banque dans cette aventure ; mais...

— Ainsi, tu refuses de me rendre ce léger service ? reprit le baron d'un ton piqué.

— Il y a deux jours, n'ai-je pas insisté pour te présenter à Nina ?

— Eh bien ?

— Eh bien ! je ne me méfiais pas de toi alors...

— Et aujourd'hui ?

— Aujourd'hui, jette un regard sur la glace, elle te répondra.

— Je n'insiste plus... murmura Paul en s'efforçant de maîtriser son mécontentement...

Les deux amis allèrent déjeuner chez Péters, et prirent ensuite une voiture pour se rendre à Meudon, où Rigobert avait un client à visiter.

Paul s'était imposé la dure loi de ne pas parler de Nina. Il fut fidèle à sa résolution pendant une partie de la journée. Mais, semblable à l'eau contenue dans un bassin par une trop faible digue, l'impétuosité de ses sentiments brisa tous les obstacles, et il se retourna tout à coup vers Rigobert pour lui dire d'un ton assuré :

— Tu me diras du moins quel est l'homme avec lequel était hier madame Montmorin ?

— Ah ! nous entrons dans la période des informations ?

— Impitoyable bavard...

— Madame Montmorin vit sous le protectorat reconnu d'un M. Pilowitz, ex-conseiller d'état dans les principautés danubiennes.

— Ah !

— Oui ; c'est un être plein de longanimité, qui met

son amour-propre à se faire voir publiquement avec Nina, à laquelle il sert une pension annuelle de vingt-quatre mille francs.

— Vingt-quatre mille francs ?

— Ni un centime de plus, ni un centime de moins.

— Dit-on qu'elle lui est fidèle ? demanda candidement Paul.

— Ah ! mon ami, voilà une question qui ne fait guère honneur au lycée où tu as été élevé... Tiens, crois-moi, hâte-toi d'aller rejoindre la charmante baronne de Cherlieu, et emmène-la à Naples ou à Constantinople... loin de Paris enfin...

Paul hocha la tête sans répondre.

— A propos, t'occupes-tu au moins de faire les commissions dont la baronne t'a chargé ?... Je suis sûr que depuis deux jours tu la négliges un peu, reprit Tristan.

— C'est vrai...

— Ingrat !... Oh ! les maris amoureux... Donne-moi tes instructions, je ferai ta besogne...

— Comment, tu serais assez bon...

— Voilà où tu peux mettre mon amitié à l'épreuve...

Le baron dit à Rigobert avant de le quitter :

— Puisque tu refuses absolument de me présenter à mademoiselle Montmorin, mets-moi du moins en relations avec mademoiselle Fromageot ; par elle il me sera facile d'arriver jusqu'auprès de son amie...

— Que me demandes-tu, Paul ?... J'honore Turette de mon amitié, et je ne suis pas trop sévère pour ses peccadilles, mais de là à la faire servir d'instrument à une intrigue... Allons, avoue que tu as parlé sans réfléchir ?...

— C'est vrai, pardonne-moi...

— Quelle âme droite et pure, quel cœur loyal, se disait le baron en songeant à Rigobert après lui avoir serré la main... ce n'est pas lui qui trahirait jamais l'amitié...

Le courtier formula son opinion sur son ami d'une façon infiniment moins prolixe. Il fronça légèrement les sourcils, haussa les épaules et murmura d'un ton intraduisible...

— Il a reçu un coup de soleil...

Après avoir passé une partie de la nuit à combiner des plans pour se rapprocher de Nina, Paul s'arrêta à ceci :

Il se rendit de bonne heure chez un bijoutier en renom, y choisit deux saphirs montés en pendeloques d'une valeur de trois mille francs, et les adressa, avec un billet renfermé dans l'écrin, à madame Nina Montmorin, rentière, rue d'Astorg.

Paul s'était procuré l'adresse de la pieuvre en corrompant son cocher; c'est à dire avec un louis.

Le billet du jeune homme était ainsi conçu :

« Madame, serez-vous assez aimable pour m'accor-
« der un entretien ?

« BARON DE CHERLIEU,

« Rue de Castiglione. »

Paul se souvenait d'avoir vu traiter ainsi les affaires de ce genre dans quelques vaudevilles du bon temps, et il ne doutait nullement du succès de sa démarche.

Pendant qu'il était plongé dans les plus riantes espérances, on vint lui dire qu'un domestique sollicitait la faveur de s'acquitter d'un message auprès de lui.

Il le fit aussitôt entrer et reconnut la livrée de Nina.

Le domestique s'inclina respectueusement, présenta une petite boîte et un billet au jeune homme et lui dit :

— Voici ce que ma maîtresse, madame Montmorin, m'a chargé de remettre à monsieur le baron...

Il sortit avant que Paul fût revenu de sa surprise, car il avait reconnu son écrin. Le jeune homme brisa fébrilement l'enveloppe du billet et lut ces mots :

« Monsieur le baron,

« Je ne sais si je dois m'en prendre à votre naïveté
« ou si je dois fustiger votre impudence pour vous
« faire expier la ridicule démarche que vous venez

« de tenter auprès de moi... Je vous renvoie vos *ver-*
« *rotteries*, dont vous pourrez sans doute trouver le
« placement chez quelque femme de chambre...

« Apprenez et n'oubliez pas, monsieur, qu'une
« femme soucieuse de sa dignité peut quelquefois se
« laisser toucher par des sentiments élevés, par des
« qualités transcendantes, mais qu'elle repousse avec
« indignation tous les procédés qui violent ouverte-
« ment les lois élémentaires de la politesse... »

Paul, le visage rouge de colère et de dépit, jeta cette lettre et se mit à se promener avec agitation.

— Je suis un véritable nigaud, murmura-t-il en frappant le parquet avec le pied... Au lieu de me présenter vulgairement à cette jeune femme comme un financier de cinquante ans, j'aurais dû m'adresser à son imagination, flatter sa coquetterie... cela réussit presque toujours... S'il avait ensuite fallu faire quelques sacrifices, j'aurais pu m'exécuter avec délicatesse...

Le jeune homme garda un instant le silence, puis il se frappa tout à coup le front en disant d'un ton douloureux :

— Quelle insigne maladresse j'ai commise! Encore si je pouvais la réparer... mais comment?... Ma parole d'honneur! je crains d'être sérieusement amoureux de cette femme...

Les yeux de Paul rencontrèrent en ce moment la

lettre de Nina ouverte sur le tapis. Il se rappela qu'il ne l'avait pas entièrement lue et s'empressa de la ramasser. Voici ce qu'elle contenait encore :

« Je veux cependant bien croire que vous avez agi « sans réflexion. Pour vous prouver que je suis vrai- « ment bonne, je vous autorise à venir ce soir me pré- « senter vos excuses au bal *Mabille*... Je m'y rendrai « pour vous donner les moyens de vous justifier, car je « n'ai pas l'habitude de fréquenter de tels lieux. Quant à « vous recevoir chez moi, cela m'est absolument défendu « par les convenances, vous devez le comprendre...

« N. Montmorin. »

L'aveugle baron passa subitement de l'irritation à la plus entière confiance. Trop prévenu pour deviner le jeu, cependant bien mis en lumière, de la jeune femme, il ne vit dans son refus d'accepter l'écrin, que le procédé d'une personne qui a conservé un cœur délicat au sein d'une vie d'aventures...

Il se plut alors à évoquer le souvenir de toutes les courtisanes célèbres ; et, tout en reconnaissant leurs faiblesses, pour lesquelles il ressentait du reste une bienveillante indulgence, il se dit qu'elles avaient souvent attaché à leur char les plus grands hommes dont l'humanité s'enorgueillit...

Une fois sur ce terrain, son esprit parcourut rapidement la problématique distance qui sépare la curiosité inquiète de la passion avouée ; et à huit heures du soir, lorsqu'il se dirigea, plein de trouble, vers les bienheureux jardins de *Mabille*, il ne songeait plus qu'au plaisir de devenir pendant quelques jours le favori de Nina.

Tandis qu'il oubliait aussi aveuglément la baronne, Rigobert s'empressait de faire les commissions de la jeune femme. Il lui écrivit que Paul, occupé d'affaires très-importantes, l'avait chargé de le remplacer momentanément auprès d'elle pour tout ce qui regardait ses petites emplettes.

Le nom du courtier n'était pas inconnu de madame de Cherlieu, aussi ne s'étonna-t-elle point du rôle dont son mari le chargeait ; et elle ne vit aucune inconvenance dans la lettre de Rigobert qui la priait de lui répondre personnellement.

V

Mabille.

Il faut de la joie et des plaisirs au peuple aujourd'hui comme il y a deux mille ans. Les théâtres et les concerts sont des distractions éminemment morales, et leur prospérité est l'un des principaux éléments de gloire de Paris. On doit donc chercher à les améliorer par tous les moyens légaux.

En est-il de même des bals publics ? Je n'en répondrais pas.

Ces établissements ont sans doute leur raison d'être, puisqu'ils existent de temps immémorial.

Je serais désolé que ces lignes fussent regardées comme un appel à la sévérité administrative à leur égard ; car je ne pense pas qu'il soit possible de réformer les mauvaises habitudes au moyen d'ordonnances de police.

La danse, employée avec modération, est un excellent exercice gymnastique. Elle donne de la force et de la souplesse aux membres, de la grâce au maintien ; presque tous les peuples la cultivent encore aujourd'hui.

Mais je crois qu'il est impossible de donner raisonnablement le nom de danse aux grimaces épileptiques, aux repoussantes contorsions, aux extravagants *déhanchements* que pratiquent avec effronterie, devant un public mille fois trop bienveillant, quelques chétifs jeunes gens qui paraissent n'avoir jamais compris le sentiment de la dignité...

Je ne parle pas des femmes qui donnent la réplique à ces forcenés ; les malheureuses suivent fatalement la voie déplorable dans laquelle elles sont entrées le jour où le mot pudeur a été rayé de leur vocabulaire. Elles se grisent pour ne pas entendre la voix terrible de leur conscience, et de folie en folie, elles arrivent par une pente rapide aux derniers degrés de la misère et de l'abjection !...

Ne serait-il pas temps que les hommes leur tendissent une main secourable et fraternelle, au lieu de contribuer à les précipiter dans l'abîme?

Paul de Cherlieu se présenta à *Mabille*, longtemps avant l'ouverture du bureau.

Le jeune homme avait souvent entendu parler des bals publics de Paris. Il savait que l'autorité n'y permet point certaines danses licencieuses, célèbres, pendant les dernières années du gouvernement de juillet. Il s'attendait cependant bien à y rencontrer des privautés de goût équivoque.

Mais le spectacle qui s'offrit à ses regards dépassa toutes ses suppositions.

Il fut frappé de stupeur, et même de honte, en voyant des Français qui paraissaient avoir reçu de l'éducation, qui avaient peut-être lu Montaigne et Pascal, imiter d'une façon odieusement grotesque le singe, l'écureuil et le crapaud, se frotter le nez contre les pieds des danseuses, s'étendre sur le sol, puis rebondir comme des balles élastiques; et enfin marcher sur les mains et sur la tête...

Un vieux garde de Paris, témoin de ces ignobles pantalonnades, non justiciables de sa consigne, car elles ne blessaient point directement la morale, dit à Paul en haussant les épaules :

— Ce sont des recrues pour Charenton...

Tous les danseurs ne ressemblaient heureusement pas à ceux dont je viens de parler, et le baron regarda avec un véritable plaisir quelques quadrilles dansés par des personnes qui s'amusaient décemment.

A neuf heures et demie, il commença à devenir soucieux. Il avait déjà visité plusieurs fois les kiosques et les bosquets du jardin, et se laissait gagner par l'idée qu'il avait été dupe d'une mystification, quand, au détour d'une allée, il se trouva en face de Nina.

La jeune femme répondit d'une façon froide, mais polie à son salut, puis elle lui dit :

— Si vous désirez m'entretenir pendant quelques nstants, veuillez me suivre.

Le baron, troublé de son apparente indifférence, s'inclina.

Madame Montmorin se dirigea vers l'endroit le plus fréquenté du jardin, s'assit dans un fauteuil et invita le jeune homme à l'imiter.

— Maintenant, monsieur, je vous écoute, lui dit-elle ensuite.

— Permettez-moi, tout d'abord, madame, d'invoquer votre indulgence ; je vous ai grièvement offensée...

— C'est vrai, mais je vous accorde le bénéfice des circonstances atténuantes, vous ne me connaissiez pas...

— Ah ! madame ! tant de bonté...

— Si vous le voulez bien, nous épargnerons les

phrases banales, reprit Nina d'une voix engageante, dites-moi de suite ce que vous désirez de moi?

Le baron fut d'abord étourdi, et balbutia timidement :

— Je vous demande la permission de vous aimer...

Nina fit une petite moue souriante qui porta au comble le trouble de Paul.

— A quoi cela vous avancera-t-il ? lui dit-elle.

— A me rendre heureux...

— C'est-à-dire à vous distraire pendant quelques jours...

— Jamais je ne vous oublierai...

— Nous retombons dans le lieu commun.

— L'amour n'en connaît pas.

— L'amour... voilà un mot d'une merveilleuse élasticité ; mais ce n'est point le moment de le paraphraser. Vous sollicitez la faveur de me faire la cour, cela me flatte, je l'avoue...

— Madame...

— Cependant, avant de continuer la conversation sur ce sujet, je vais tout d'abord vous dire quelle est ma position... C'est une marque de confiance et d'estime dont je ne suis pas prodigue, croyez-le bien...

— Aussi, vous en aurai-je une éternelle reconnaissance....

— Ne parlons pas encore d'éternité, je vous prie, dit Nina avec un sourire.

— Je vous jure pourtant...

— Chut!... plus bas, on se moquerait de vous... Tâchez de rester calme pour comprendre ce que je vais vous dire...

— Parlez, madame...

— Je suis la fille d'une dame qui n'a jamais été mariée, — vous voyez que j'y mets de la franchise. — Ma mère m'a élevée difficilement. Pendant mon enfance j'ai vu le luxe nous visiter quelquefois, mais le plus souvent la misère était assise à notre foyer...

Mon éducation m'a fait envisager de bonne heure les faiblesses des femmes comme la conséquence du cynisme des hommes. A l'âge de quinze ans, un brocanteur laid et grossier, qui connaissait ma mère depuis son enfance, m'a flétrie...

Depuis cette époque, j'ai pris tous les hommes en haine. Aujourd'hui je touche à ma vingtième année, et mon cœur n'a jamais battu que de colère...

J'ai un protecteur qui pourvoit largement à tous mes besoins... Il ne me demande en échange de sa générosité que de l'accompagner au bois, ou au théâtre, deux ou trois fois par semaine...

Je suis donc parfaitement libre, maîtresse absolue de mes affections, et surtout bien décidée à ne prendre au sérieux que l'homme dont l'ardent amour et la profonde abnégation parviendront à fondre la glace qui entoure mon cœur...

Nina venait de raconter en quelques mots son histoire. Tout ce qu'elle avait dit était vrai, mais elle avait jugé bon de ne pas tout dire.

Cette femme était douée, au suprême degré, de ce charme entraînant qui captive dès la première minute les plus rudes natures. Quand elle le voulait, les paroles qui s'échappaient de ses lèvres purpurines avaient une puissance irrésistible.

Troublé, convaincu, fasciné par l'accent de Nina, le baron lui reconnut aussitôt mentalement un genre de supériorité dont il n'avait point encore vu d'exemple, et il déploya toutes les ressources éloquentes de la passion pour captiver ses bonnes grâces...

La jeune femme, paraissant obéir à un entraînement qu'elle ne pouvait maîtriser, consentit à appuyer sa petite main sur le bras de Paul, qui lui avait proposé de faire le tour du jardin. Soit qu'elle eût deviné l'opinion du baron, touchant certaines danses de *Mabille*, soit qu'elle exprimât réellement sa pensée, elle trouva le moyen de flétrir à plusieurs reprises les extravagances chorégraphiques blâmées par le jeune homme, et acheva ainsi de lui brouiller la cervelle.

Cette intrigue, menée avec un art infini par la pieuvre, qui ressentait, non sans étonnement, une curiosité mêlée de vagues émotions à l'endroit du jeune homme, aboutit en douze jours à la situation que je vais indiquer :

Paul de Cherlieu, ivre d'ardeur et de désirs, se traînait constamment aux pieds de Nina, sans pouvoir lui faire accepter autre chose que l'expression brûlante de son amour.

Madame Montmorin résistait à toutes ses prières, non plus avec le calme de l'indifférence ou la hauteur cynique du scepticisme; mais avec les enivrantes alternatives d'une passion effrénée qui fait d'héroïques efforts pour triompher de ses emportements.

Lorsque le baron, cruellement blessé par d'humiliants échecs, s'affaissait sur le canapé, le cœur désespéré et les yeux humides de larmes, Nina s'approchait lentement de lui. Ses regards chargés de langueur, son sein oppressé, la grâce tout à la fois voluptueuse et timide de sa démarche indiquaient de violentes luttes intérieures. Elle contemplait une minute le jeune homme, levait les yeux au ciel avec une enchanteresse expression d'amour, bondissait tout à coup comme une panthère, prenait fébrilement la tête de Paul dans ses mains, lui brûlait le front d'un baiser corrosif, et disparaissait avant que le malheureux, ivre et fou, eût pu l'enlacer dans ses bras...

La jeune femme mit le comble à l'égarement du baron un soir en rentrant chez elle.

Paul, à qui la passion faisait faire bon marché de sa dignité, lui donnait le bras. Sur le boulevard des Capucines une marchande de fleurs, attirée par l'opulence extérieure du couple, le suivait avec la persistance particulière qu'emploient ces négociantes du trottoir.

Jusque-là madame Montmorin n'avait absolument rien accepté du baron... Ni un bouquet, ni un verre d'eau. Le jeune homme n'osait renouveler ses tentatives, et il écartait pour la troisième fois la fleuriste, lorsque Nina lui dit :

— Monsieur le baron, je vous autorise à m'offrir une pensée.

Paul devint rouge de plaisir. Il choisit la plus belle fleur de la marchande, donna un louis en échange, et présenta la pensée à madame Montmorin.

La jeune femme remercia gracieusement, puis elle se retourna à demi comme pour dérober son geste au baron, et appliqua un rapide baiser sur la petite fleur qu'elle cacha aussitôt dans son sein.

Paul avait naturellement tout vu. S'il eût été moins aveuglé par la passion, ce manége aurait pu lui paraître suspect. Mais son amour-propre, d'accord en cela avec ses plus ardents désirs, bannit tout raisonnement de son esprit, et il se crut aimé...

Sous l'empire de cette idée, le jeune homme saisit le bras de Nina en murmurant d'un ton profondément ému :

— Vous êtes une enchanteresse...

VI

La souricière.

Madame de Cherlieu, inquiète de ne recevoir des nouvelles de son mari que par l'entremise d'un tiers, lui écrivit une lettre très-pressante.

La plus suave tendresse, les plus nobles sentiments étaient mêlés dans cette lettre à quelques légers reproches, bien justifiés par l'inconcevable négligence de Paul. La baronne suppliait surtout son mari de venir la chercher immédiatement, afin de partager avec lui le poids des importantes affaires qu'il traitait.

Cette lettre déplut au baron. Comme il n'avait absolument rien de raisonnable à mettre en avant pour se justifier, il voulut d'abord faire un conte à sa femme; mais sa loyauté native se révolta, et il ne répondit que quelques lignes insignifiantes.

Madame de Cherlieu, sérieusement inquiète cette fois, se disposait à se rendre au château de Pontorge, auprès de sa mère pour réclamer ses conseils, quand elle reçut une lettre confidentielle de Rigobert.

Le courtier n'accusait pas précisément son ami, mais il résumait deux pages de vagues indications par quelques phrases révélatrices. Elles étaient ainsi conçues :

« Il est des tâches pénibles pour l'amitié, mais il « faut avoir le courage de les accomplir... Votre pré- « sence est nécessaire à Paris; elle suffira, du moins « je l'espère, pour résoudre toutes les questions... Il « serait peut-être prudent de ne pas informer M. de « Cherlieu de vos projets... Si oui, veuillez me ré- « pondre, madame, afin que je puisse vous préparer « une réception digne de vous.... »

Ces lignes maladroites causèrent une immense douleur à la jeune femme... Son mari la trompait, sans prendre même la peine de cacher ses trahisons...

Après avoir pleuré pendant une partie de la journée, la baronne prit tout à coup une résolution énergique. Elle écrivit à Rigobert qu'elle acceptait ses services, et fit aussitôt ses préparatifs de départ.

Une telle mesure paraîtra sans doute imprudente à l'heureuse jeune femme dont la vie s'écoule doucement comme une eau limpide entre deux rives fleuries.

Mais madame de Cherlieu venait de se sentir mordue au cœur par la jalousie.

Pendant ce temps, le baron s'engageait de plus en plus dans les rets de Nina. Au contact de cette adroite créature, il avait déjà laissé entamer la candeur de son cœur et sa dignité, quand il tomba dans le piége tendu à sa bonne foi.

Le baron se rendait chaque jour après déjeuner chez madame Montmorin, et chaque jour il lui peignait en traits plus violents l'ardeur qui le dévorait.

La pieuvre semblait partager son délire, mais elle savait toujours saisir un prétexte opportun pour différer le moment de sa défaite.

Ces manœuvres portaient au comble la passion du pauvre insensé, et il arriva un instant où nul sacrifice ne lui eût semblé trop grand pour la satisfaire.

Paul de Cherlieu se trouvait un matin dans cette déplorable disposition d'esprit, lorsqu'il reçut le billet suivant de madame Montmorin :

« Mon ami, plaignez-moi, je ne puis vous voir au-« jourd'hui... des contrariétés tout à fait inattendues..

« bref, un malheur vient de frapper à ma porte...
« des devoirs impérieux m'appellent... Mais si je ne
« puis vous serrer la main, j'aurai du moins votre
« nom sur mes lèvres et votre souvenir dans mon
« cœur pour m'aider à supporter les rudes épreuves
« qui m'attendent...

« Paul, si je vous avais connu plus tôt... Que dis-
« je?... je suis folle; pardonnez-moi beaucoup et ai-
« mez-moi toujours un peu...

« *Votre* petite Nina, qui espère bien un
« jour être *ton* amie.

« N. MONTMORIN. »

« *P. S.* Surtout ne venez point vous attrister en
« contemplant le spectacle de mes maux... »

Le post-scriptum tomba juste; vingt minutes après la réception de ce billet, le baron se présentait chez Nina.

— Madame est sortie... lui dit la femme de chambre en larmoyant, mais elle ne peut tarder bien longtemps avant de rentrer... Si monsieur désire l'attendre...

— Qu'est-il donc arrivé depuis hier, parlez?

— Rien, monsieur, rien...

— Vous me trompez...

— Monsieur sait bien que je suis trop dévouée à ses intérêts pour songer à le mécontenter...

— Rose, approchez et regardez-moi en face...

— Oui, monsieur...

— Où est votre maîtresse en ce moment ?

— Je jure que je l'ignore! répondit la femme de chambre avec l'énergie de la franchise.

— Je vous crois... mais depuis combien de temps est-elle sortie?

— Il y a environ deux heures...

— Paraissait-elle inquiète, souffrante?...

— Oui, monsieur; elle a même versé quelques larmes après avoir passé une grande heure à fouiller dans ses papiers...

— C'est étrange... murmura le baron en parcourant le salon à grands pas.

Au bout d'un instant il s'arrêta et dit brusquement à la femme de chambre :

— C'est bien, laissez-moi...

Lorsqu'il fut seul, il se laissa tomber dans un fauteuil. Toutes les anxiétés de l'absence, toutes les fébriles impatiences de la crainte, toutes les folles ardeurs de la passion lui déchirèrent à la fois le cœur. Il se sentait entraîné sur une pente vertigineuse, il comprenait qu'il touchait au bord de l'abîme, mais l'attrait fatal du vide, c'est-à-dire de l'inconnu, domptait tous ses raisonnements et terrassait sa volonté...

Des larmes brûlantes sillonnèrent un instant ses joues, et il se leva pour essayer de maîtriser son trouble...

Paul se souvint alors que, avant de sortir du salon, Rose avait pris une lettre sur le bureau de madame Montmorin et s'était empressée de la cacher dans un petit coffret de bronze placé devant la pendule...

— Cette lettre est peut-être la clé du mystère qui m'entoure, se dit-il.

Le coffret n'était point fermé, d'ailleurs un amoureux dévoré d'inquiétude n'a guère l'habitude de respecter les secrets de la femme qu'il aime.

Le baron s'empara de la lettre, qui était du reste inachevée, et lut ce qui suit :

« Monsieur Pilowitz, je serais une détestable in-
« grate si je ne saisissais avec empressement cette occa-
« sion pour vous témoigner ma profonde reconnais-
« sance... Grâce à vos paternels et généreux procédés,
« j'ai mené pendant deux ans une vie exempte des
« soucis journaliers qui abaissent le caractère et bles-
« sent douloureusement l'âme d'une jeune femme
« pauvre.

« Aujourd'hui, la délicatesse m'impose le devoir de
« refuser vos bienfaits... J'aime de toute la puissance
« de mon cœur un homme de qui dépend désormais le

« bonheur de ma vie. Ses brillantes qualités sont ma « justification... Je sens du reste qu'à l'instant même « où il cesserait de m'aimer, je mourrais...

« Quand une courtisane est purifiée par un tel « amour, elle peut accomplir tous les sacrifices. S'il « le faut, je travaillerai pour vivre, mais j'aurai peut-« être conquis l'estime de P..., c'est tout ce que « j'ambitionne...

« Il ne me restera rien de vos générosités que la « reconnaissance... Si vous saviez combien cette idée « me rend heureuse!... Du moins son front ne rou-« gira pas en voyant entre mes mains les dons d'un « autre homme...

« Hier, chez madame de Borran, j'ai achevé ma « ruine au lansquenet... Mes anciens billets ont été « protestés, et demain, aujourd'hui peut-être, je serai « réduite aux expédients pour vivre... S'il allait cesser « de m'aimer quand il me verra dans la misère?... « Oh! non, non, cette idée est trop horrible... je la « bannis... et pourtant... Comme une femme doit « être heureuse de tout devoir à celui à qui elle a « donné son cœur... Ce sont de bien poétiques mœurs « que les mœurs patriarcales de l'Orient... »

Cette lettre s'arrêtait là. Elle avait été raturée en plusieurs endroits. Paul pensa que c'était le brouillon du congé expédié à M. Pilowitz, et son âme goûta d'ineffables jouissances...

Non-seulement il tenait la preuve de l'amour de Nina, mais il venait de découvrir au fond du cœur de cette courtisane des délicatesses qui élevaient son caractère au niveau des plus nobles sentiments...

— C'eût été, j'en suis sûr, la plus angélique créature de la terre, si la nature, moins injuste à son égard, l'eût fait naître dans une famille respectable... murmura-t-il en couvrant la feuille de papier qu'il venait de lire de brûlants baisers...

Paul était encore plongé dans sa voluptueuse extase, lorsque la sonnette de la porte de l'appartement le fit tressaillir.

— C'est Nina, se dit-il.

Et il se précipita vers l'antichambre pour recevoir la jeune femme.

Mais il entendit aussitôt une voix masculine qui le fit reculer.

— Il faut absolument que je pénètre chez madame Montmorin, disait-on.

— Impossible, monsieur, madame est absente, répliqua la femme de chambre.

— Au nom de la loi !...

— Comment, au nom de la loi ?

— Je me nomme Pivron, et je suis huissier...

— Eh bien ! donnez-moi vos papiers, je les remettrai à madame quand elle rentrera.

— Il ne s'agit plus d'assignation... Il y a jugement, signification, et je viens pour pratiquer la saisie...

— Une saisie chez madame Montmorin ! s'écria la femme de chambre avec indignation, on n'a jamais entendu parler d'une chose pareille...

— Il y a commencement à tout, reprit le facétieux officier ministériel, du reste je ne demande pas mieux que de me retirer...

— Eh bien ! allez-vous-en...

— Comptez-moi d'abord quatre-vingt-six mille neuf cent soixante-trois francs trente-deux centimes, pour principal et intérêts dus à mon client, M. Tripledard, agent d'affaires, sans préjudice des frais dont je vais vous remettre le bordereau...

— Allez au diable !...

— On n'est pas plus gracieuse... mais...

— Revenez demain...

— Nous la connaissons, celle-là, ma belle enfant... Un peu de complaisance, livrez-moi passage afin que je puisse instrumenter...

— Jamais !

L'huissier souriait de la résistance de Rose, dont le frais museau faisait loucher son jeune clerc, lorsque la porte du salon s'ouvrit.

— Voulez-vous avoir la complaisance de m'accorder une minute d'entretien, monsieur? dit le baron à l'huissier Pivron.

— Volontiers, mais veuillez d'abord m'instruire de...

— Il s'agit de la créance que vous avez entre les mains.

— Très-bien! alors...

L'huissier se retourna et dit à son clerc de l'attendre à la salle à manger, tandis qu'il ordonnait d'un signe aux recors qui l'accompagnaient de veiller à ce que l'on n'emportât rien de l'appartement.

Les deux satellites de la justice s'installèrent aux portes en vrais limiers, tout en jetant d'amoureux regards vers la cuisine, d'où s'exhalait une odeur à damner de gourmandise un capucin.

— Que désirez-vous de moi, monsieur? demanda l'huissier à Paul lorsqu'il fut seul avec lui.

— Je veux faire cesser les poursuites dont madame Montmorin est l'objet.

— J'en serai enchanté pour mon compte personnel, car il me répugne toujours d'avoir recours aux mesures rigoureuses.

— Un huissier qui n'aime pas les procès est un rare phénomène...

— Peut-être, monsieur.

— Enfin... Veuillez me dire ce que je dois faire pour arrêter les poursuites en question?

— C'est de payer.

— A l'instant?

— Oui, nous nous retirerons aussitôt...

— Mais on n'a pas quatre-vingt-dix mille francs dans sa poche à tout moment...

— Hélas!...

— Il doit y avoir un autre moyen?

— C'est vrai.

— Faites-le-moi connaître?

— Si MM. Péreire, Rothschild ou Javal apposaient leur signature au bas de cette créance, je n'irais pas plus loin.

— Alors, donnez-moi ces pièces, je vais les endosser.

— Pardon, monsieur, je n'ai pas l'honneur...

Paul prit une carte dans son calepin et la présenta à l'huissier.

« — Le baron Paul de Cherlieu, » lut Pivron. Je vous demande de nouveau pardon, monsieur, mais je ne suis guère plus avancé qu'auparavant... Paris fourmille de comtes et de barons dont la signature ne vaut pas un cigare belge...

Le jeune homme rougit jusqu'au blanc des yeux. Il comprit cependant que la remarque de l'huissier était fort naturelle, et, après avoir réfléchi deux ou trois secondes, il lui demanda s'il connaissait le notaire Blond?

— Parfaitement, monsieur, répondit Pivron; son étude est place de la Madeleine.

— Voulez-vous faire prendre des renseignements chez lui sur moi ?

— Je voudrais vous êtes agréable, monsieur le baron, mais j'ai des ordres précis, il faut que cette affaire soit terminée avant ce soir.

— Eh bien! envoyez à l'instant chez le notaire.

Après quelque hésitation, l'huissier pria Paul d'apposer sa signature au bas de sa carte pour la faire contrôler, et il la remit ensuite à son clerc.

Vingt minutes plus tard, ce dernier était de retour. Le notaire avait donné les meilleures renseignements. Le baron endossa alors la créance de Nina en s'engageant à la payer dans quinze jours...

Paul attendit vainement le retour de la pieuvre. A huit heures il se retira après lui avoir écrit quelques lignes pour l'informer de ce qui s'était passé.

Il est bien entendu que le jeune homme s'était empressé de remettre la lettre révélatrice dans le coffret lorsque l'huissier avait sonné.

VII

Influence d'une rencontre sur la destinée.

La journée s'était écoulée assez tristement pour Paul. Après les excitations désordonnées de son esprit, le calme était revenu et avec lui la réflexion; c'est-à-dire cette voix intérieure d'une inexorable équité que l'on nomme la conscience.

Devant ce sévère tribunal, le baron rougit. Obéissant à un fol entraînement des sens, à un mouvement de ridicule orgueil, il venait de jeter une partie de sa fortune dans le gouffre de la galanterie...

Dans un moment d'exaltation un homme fait aisément de grands sacrifices; mais il est rare que la réaction ne soit pas prompte et énergique.

Six heures après avoir endossé les pièces de Nina, Paul de Cherlieu regrettait déjà son imprudence.

Les générosités chevaleresques s'allient mal avec les instincts positifs de la société moderne. Il est d'ailleurs fort heureux pour la morale que l'habitude de jeter son or aux prêtresses du vice tende de plus en plus à disparaître. Quand le mal n'aura plus d'autres adeptes que ses adorateurs platoniques, le règne universel du bien sera proche...

En ce moment le souvenir de la baronne acheva de jeter la confusion dans le cœur du jeune homme. En songeant à cette candide et douce enfant, dont un seul sourire valait mille fois mieux que tous les enivrements des étoiles du demi-monde, il se sentit petit, faible, honteux...

Pour chasser les cruels remords qui commençaient à le déchirer, Paul entra tour à tour dans plusieurs théâtres... Partout il emporta sa conscience.

Il revint chez lui brisé, non sans avoir cependant passé à plusieurs reprises devant les fenêtres de madame Montmorin. La nuit fut fatale aux projets de sagesse qu'il avait commencé à élaborer la veille; et pour rester véridique, je dois dire qu'il songeait plus le matin à aller recueillir la récompense de sa générosité qu'à expier ses torts...

Au moment de sortir, il reçut le billet suivant :

« Paul adoré !

« Je connais maintenant l'inépuisable tendresse de « votre cœur... C'est bien, ce que vous avez fait « hier... Désormais, il n'y a plus au monde qu'un « seul homme pour Nina, son Paul...

« Accours, mon ami, prends les ailes de l'amour « pour voler auprès de moi !... Jamais une femme n'a « tant aimé !

« Ta Nina ! »

Toutes les ardeurs du baron se réveillèrent à la fois à la lecture de ce billet, qui lui promettait d'une façon non équivoque le couronnement de son poème...

Semblable au pauvre fumeur d'opium qui, après une lutte malheureuse contre la tentation, se replonge avec une âcre fureur dans ses pernicieux enivrements, Paul oublia le monde entier pour savourer en imagination l'immense bonheur qu'il se promettait...

Nina lui semblait en ce moment la suprême expression des félicités terrestres...

Un homme arrivé à ce degré d'exaltation commence à devenir justicable d'un médecin d'aliénés.....

En passant sur le boulevard des Italiens comme un ouragan, le cabriolet de Paul manqua d'écraser une dame qui traversait la chaussée.

Le baron fit aussitôt arrêter sa voiture, et mit pied à terre pour s'inquiéter de l'état de la personne atteinte par la limonière du cabriolet. Il se trouva en face de Turette Fromageot...

— Comment, c'est encore vous ? s'écria la jeune femme, vous avez donc juré de me martyriser...

Ah ! madame, je suis désolé...

— Rassurez-vous, j'ai eu plus de peur que de mal... Mais j'ai joliment de la chance de vous rencontrer; cela devait arriver, les cartes me l'avaient appris ce matin...

— Que désirez-vous de moi ?...

— Oh ! il faut que vous m'écoutiez pendant une bonne demi-heure... j'ai bien des choses à vous dire..

— Impossible en ce moment...

— Il s'agit de votre femme...

En entendant ces derniers mots, le baron pâlit. Il saisit la main de Turette et répliqua d'une voix brève :

— Je vous défends de prononcer le nom de la baronne de Cherlieu.

— Ah ! mon Dieu ! vous me faites peur... C'est bien mal de me menacer quand je parle dans votre intérêt...

— En quoi mon intérêt est-il mêlé avec vos intrigues, je vous le demande ?

— Si vous aviez eu la patience de m'écouter, vous le sauriez déjà...

Paul était beaucoup plus inquiet qu'il voulait le paraître. Après deux ou trois minutes de réflexion, il congédia sa voiture et suivit Turette Fromageot aux Tuileries.

Ils s'assirent dans le coin le plus solitaire du jardin.

En ce moment le baron remarqua plusieurs égratignures à peine cicatrisées sur le visage de la grosse fille...

— Vous voyez la trace des caresses de votre chenapan d'ami, dit cette dernière.

— Est-ce possible ?

— Ça arrive trop souvent pour que j'y fasse attention.

— Quoi, Rigobert exerce sur vous de telles brutalités ?

— La main tournée je n'y pense plus, car je suis bonne fille, d'ailleurs chacun a ses défauts; mais le brigand me payera les horreurs qu'il a eu l'infamie de me dire hier...

— Hier ?

— C'est juste, vous ne savez pas... Figurez-vous qu'après la discussion, j'avais la bêtise de revenir auprès de lui, quand mon gredin prend tout à coup son chapeau pour partir...

— Eh bien ?

— Eh bien ! la colère m'emporte et je lui demande où il va ?... Monsieur hausse les épaules et me tourne le dos... Furieuse, je le saisis par sa redingote et je lui dis que c'est un monstre, un coquin, un bandit! des niaiseries enfin... Alors, il me rit au nez, et comme je veux l'obliger à me faire des excuses, il m'appelle... Non, jamais on n'a traité une femme ainsi...

— Ces détails...

— Il m'a appelée vieille sorcière, monsieur... Vieille sorcière! moi qui n'ai pas encore vingt-sept ans... Ah ! le gueux ! si j'avais eu la force comme j'ai la volonté, il n'aurait pas en ce moment pour deux liards de peau sur les os...

Turette roulait des yeux furibonds.

— Tout cela m'intéresse peu, dit le baron.

— Patience... Je veux me venger en vous révélant les gredineries de Rigobert à votre égard...

Les traits de Paul exprimèrent une vive inquiétude.

— Mais je vais d'abord commencer par la Montmorin. Elle verra ce qu'il en coûte de brutaliser une camarade, et surtout de lui faire des frais pour trois cents malheureux francs... Méfiez-vous d'elle ces jours-ci, je sais qu'elle monte un truc contre vous, ou plutôt contre votre caisse...

— C'est une calomnie, dit Paul troublé.

— Veillez toujours au grain, sans ça elle va donner un rude bal à vos écus...

— Je ne puis croire à tant de duplicité, reprit le

baron, rougissant plus fort... D'abord Nina a rompu avec M. Pilowitz...

— Le plus souvent... Hier encore elle a passé la soirée chez lui...

— Est-ce possible ?...

— Quand vous voudrez des preuves de ce que j'avance, j'en ai à votre service...

— J'aurais été dupe à ce point... oh !...

— Pauvre jeune homme... murmura Turette avec compassion, il me fait presque autant de peine que s'il était un de mes anciens...

— Mais ce M. Pilowitz ne doit plus revoir madame Montmorin, dit le baron.

— Ah! ah ah!... est-il gentil...

— Parlez-donc, vous voyez bien que je souffre...

— Elle vous *l'a faite* aussi, mon cher monsieur... Ah ! que les hommes sont jobards...

— La méchanceté vous excite à calomnier madame Montmorin, reprit Paul ; je vous répète que M. Pilowitz a été éconduit par elle...

— Grand Dieu ! s'écria Turette en regardant le jeune homme avec anxiété ; est-ce que vous auriez déjà payé les dettes de Nina ?

— Mais...

— Parlez, à votre tour?

— Je dois convenir que j'ai mis ma signature au

bas d'une créance de quatre-vingt-dix mille francs dont elle est débitrice.

— Envers Tripledard ?

— Comment savez-vous tout cela ?

— Je n'ai pas parlé assez tôt, vous êtes volé...

En cinq minutes, Turette mit le baron au courant des astucieuses manœuvres de la pieuvre, et termina en lui disant qu'il devait se trouver très-heureux de ne laisser entre ses mains que quatre-vingt-dix mille rancs...

La honte, la fureur, l'indignation éclatèrent tour à tour sur les traits de Paul, et il se leva brusquement.

— Eh bien ! où allez-vous donc ? lui dit Turette, je n'ai pas fini.

— Que pouvez-vous encore me dire après ce que je viens d'entendre ?...

— Promettez-moi d'abord de rester calme.

— Il s'agit sans doute maintenant de Rigobert ?

— Oui ; il vous trompe...

— Je ne comprends pas...

— Rigobert est amoureux de madame la baronne de Cherlieu...

— Allons, vous êtes folle, répliqua le jeune homme en haussant les épaules avec mépris.

— Et c'est aujourd'hui qu'il doit se déclarer, ajouta Turette.

— J'ai pitié de votre aveuglement, reprit Paul

d'un ton qu'il s'efforçait de rendre tranquille. Jamais Rigobert n'a vu ma femme...

— Depuis deux jours madame de Cherlieu est à Paris...

— Vipère! dis que tu as menti ou je t'étrangle à l'instant! s'écria le baron ivre de fureur en saisissant la grosse fille à la gorge...

— Lâchez-moi... ou je crie à la garde... mais lâchez-moi donc...

Le jeune homme, confus de sa violence, laissa retomber ses bras le long de son corps...

— Je suis donc destinée à périr sous les coups... balbutia Turette reprenant haleine; heureusement, personne n'est encore dans le jardin...

Paul était immobile, mais ses yeux étincelaient d'impatience et de colère.

— J'ai eu tort de vous brutaliser, veuillez me pardonner, madame, dit-il ensuite.

— Mazette, comme vous y allez...

— Madame de Cherlieu est à Paris depuis deux jours, m'avez-vous dit?

— Oui; elle est descendue dans un hôtel de la rue des Mathurins où Rigobert lui avait retenu un appartement... au n° 62.

— Oh!... Enfin je saurai bientôt à quoi m'en tenir... Mais pourquoi la baronne aurait-elle quitté Cherlieu sans me prévenir?

— Afin de vous surveiller.

— De me surveiller... balbutia Paul, pris tout à coup d'un tremblement convulsif; elle sait donc?...

— Tout.

— Et c'est Rigobert qui a commis cette exécrable lâcheté?

— Il préparait le terrain pour ses projets.

— Misérable!... oh! je le tuerai!...

— C'est ça... Et quand vous lui donnerez son affaire, je serai près de vous pour lui crier au dernier moment : Voilà comment les vieilles sorcières se vengent!...

En prononçant ces mots grotesques, la grosse fille devint hideuse de férocité. Une haine mortelle se lisait sur ses traits...

Le baron n'en voulut pas entendre davantage. Il s'élança comme une flèche hors du jardin, sauta dans la première voiture vide qu'il rencontra, et fut en dix minutes devant l'hôtel indiqué par Turette.

Son agitation et l'incohérence de ses paroles frappèrent la personne à laquelle il s'adressa au bureau de l'hôtel. Elle répondit néanmoins que madame la baronne de Cherlieu habitait la maison depuis deux jours.

Il ne put douter plus longtemps, Turette Fromageot était bien renseignée. Mais, dans sa précipitation à se rendre à l'appartement de sa femme, Paul se trompa d'escalier et erra pendant quelques minutes à travers les couloirs...

Une idée lui traversa tout à coup l'esprit. Afin de savoir à quoi s'en tenir au juste sur les desseins du courtier, ne devait-il pas chercher à l'entendre sans que sa présence fût soupçonnée?

Il avait à peine eu le temps de formuler ce projet, lorsqu'il vit venir à lui un garçon d'hôtel chargé d'une petite valise.

— Pardon, lui dit-il en l'arrêtant, voulez-vous me rendre un service?

— Je suis aux ordres de monsieur.

— L'appartement n° 4 est-il près d'ici?

— Dans l'autre escalier, monsieur.

— Ah!... Connaissez-vous la personne qui l'habite?

— C'est une jeune dame très-distinguée; une baronne, je crois.

— Elle est seule?

— Seule, avec une femme de chambre.

— Pouvez-vous m'introduire secrètement chez elle?...

A ces mots le garçon recula ébahi en disant :

— Mais, monsieur, je ne sais pas si je dois...

— Prenez d'abord ceci...

Le baron puisa une poignée d'or dans la poche de son gilet et la présenta au domestique.

— Je ne demanderais pas mieux que d'être agréable à monsieur... balbutia ce dernier, évidemment ébloui par l'appât du gain; mais je voudrais savoir de quoi il s'agit?

— Cela ne vous regarde pas.

— Cependant.

— J'ajouterai un billet de banque.

— Tout cela est bien tentant, je ne dis pas... et si j'étais sûr que ce n'est point pour faire du mal à cette dame...

— A ce sujet, je puis vous donner ma parole d'honneur! dit le baron d'un ton qui parut convaincre le domestique...

Je jurerais que monsieur est amoureux... répliqua ce dernier s'efforçant de rire.

— Gardez vos réflexions et faites ce que je vous dis...

Dix minutes après, Paul de Cherlieu était installé dans un cabinet de toilette séparé par une très-mince cloison de la chambre de la baronne.

— C'est honteux de descendre à ce vil espionnage de vieille comédie, murmura-t-il lorsque le garçon eut refermé la porte; mais il y va de mon bonheur... Oh! si cette femme a dit vrai...

En ce moment le souvenir de Nina Montmorin avait complètement disparu du cœur de Paul.

VIII

L'éclat.

Ernestine de Pontorge, baronne de Cherlieu, venait d'accomplir sa dix-huitième année. Avec la chaude carnation des femmes brunes, elle avait toute la douceur et toutes les séductions des blondes filles du Nord dans les traits.

Ses grands yeux noirs étincelaient d'intelligence, et sa bouche fraîche et pure ne s'ouvrait guère que pour charmer ceux qui l'écoutaient.

C'était une de ces rares créatures dont chacun dit :

— Quelle admirable femme !

A sa vue, Rigobert avait aussitôt deviné l'immense distance qui sépare la jeune femme, parée d'une auréole de vertu, de l'effrontée courtisane qui emprunte son éclat éphémère au vice et au mensonge.

C'était peut-être à ce curieux rapprochement que Turette Fromageot devait la scène brutale dont elle avait été victime la veille.

Le courtier n'était assurément pas un homme d'une grande délicatesse de mœurs, et, je l'ai dit déjà, son intelligence avait des bornes.

Dans tout autre cas son rôle de chaperon eût pu être gênant pour la baronne; car un fruit défendu de cette valeur était bien fait pour exciter les convoitises.

Mais devant l'admirable simplicité de madame de Cherlieu, devant sa confiance absolue, devant la pure expression de ses regards, Rigobert avait senti se réveiller en lui quelques-uns des généreux sentiments qui sommeillent toujours au fond du cœur des hommes les plus corrompus, et il lui avait aussitôt voué un dévouement sans bornes.

Mais les actes du courtier n'étaient malheureusement pas toujours en harmonie avec ses intentions. Habitué à vivre au milieu du monde équivoque qui trône sur l'asphalte des boulevards opulents, il ne pouvait se défaire tout d'un coup de ses habitudes communes.

Sans les poignantes préoccupations qui absorbaient

toutes ses pensées, madame de Cherlieu eût été sans doute choquée des expédients grossiers proposés par Rigobert pour lui ramener son mari. Mais elle avait en ce moment un voile épais devant les yeux.

En apprenant la trahison de Paul, de cet homme dont elle avait jusque-là admiré avec un naïf enthousiasme le noble caractère, la baronne ressentit une de ces profondes douleurs qui menacent tout à la fois le siége de la raison et les sources de la vie.

Peu à peu cependant le brûlant poison de la jalousie se neutralisa au contact de ses larmes; à la colère, au désir de la vengeance succéda dans son cœur un ineffable sentiment de miséricorde, et elle éprouva bientôt un impérieux besoin de se rapprocher de Paul.

Madame de Cherlieu était dans cette disposition d'esprit la veille, lorsque Rigobert vint lui dire que, suivant toutes les probabilités, elle trouverait le lendemain l'occasion d'arracher son mari aux perfides séductions de la pieuvre.

— Je suis à peu près sûr qu'il se montrera demain au bois de Boulogne en voiture découverte avec cette femme, lui dit-il. Apparaissez tout à coup devant lui comme la statue du commandeur devant don Juan... L'effet sera foudroyant... Paul, dont je connais les honnêtes instincts, surmontera sa faiblesse et viendra implorer son pardon... Vous pourrez alors lui faire apprécier, dans toute son étendue, l'inépuisable tendresse de votre cœur...

Après une minute d'hésitation causée par la crainte de rendre son mari trop malheureux, la baronne, cédant aux instances pressées de Rigobert, consentit à faire ce qu'il indiquait.

Il fut convenu qu'une voiture de louage serait mise le lendemain à la disposition de la jeune femme.

Mais Rigobert vit Paul pendant la soirée sur le boulevard, et il apprit ce qui s'était passé avec l'huissier Pivron.

La révélation de cette insigne folie bouleversa toutes les idées du courtier. Il blâma Paul et l'engagea à rompre au plus vite avec Nina...

Voyant le peu de succès de ses exhortations, Rigobert se retira navré...

Le lendemain il hésita longtemps avant de se décider à adopter un plan de conduite. Il se sentait vaguement coupable envers Paul au sujet des révélations qu'il avait faites à madame de Cherlieu; et il se reprochait surtout d'avoir confié une partie de ses secrets à Turette Fromageot, dont il connaissait de longue date la nature babillarde.

Le courtier se voyait fatalement entraîné à compter ses confidences en faisant part à la baronne de la dernière sottise de son mari...

Dans toute cette affaire, il était de bonne foi. Il

croyait servir efficacement les intérêts de ses amis, oubliant un peu trop la morale de la fable dans laquelle l'ours se sert si malheureusement de son fameux pavé...

Rigobert ne s'était encore arrêté à aucun projet définitif lorsqu'il se rendit chez madame de Cherlieu. Il se proposait d'agir suivant les circonstances.

Paul commençait à perdre patience dans son cabinet, quand il entendit vibrer la sonnette de l'appartement...

Son cœur se serra et une sueur froide lui couvrit les tempes. Bientôt il distingua la voix de sa femme et celle de Rigobert dans la première pièce...

Le malheureux, pâle comme un bloc de marbre de Carrare, colla son oreille contre la cloison, et attendit, en proie à une douleur passive mille fois plus cruelle que la plus violente colère...

Le murmure des voix arrivait bien jusqu'à lui, mais il ne comprenait pas le sens des paroles...

Il fit un geste désespéré et se redressa comme pour s'élancer sur le faux frère qui le trahissait si odieusement...

— Non, se dit-il, il faut que le misérable soit écrasé par la honte de ses infamies... Je paraîtrai au moment opportun... et alors...

Paul se rapprocha de la porte vitrée, et essaya de

nouveau de comprendre ce qui se disait dans la première pièce...

Il ne fut guère plus heureux...

A la vue de Rigobert, dont les traits exprimaient l'embarras et la tristesse, la baronne était allée vivement au-devant de lui.

— Eh bien! lui avait-elle demandé avec précipitation, que s'est-il passé depuis hier?

— Madame, je devrais me taire...

— Il est trop tard pour me cacher la vérité, je veux la connaître...

— Cependant...

— Monsieur, vous m'avez engagé votre parole...

Rigobert courba la tête.

— J'attends, ajouta madame de Cherlieu, dont les regards se fixèrent sur le courtier.

— Armez-vous de courage, j'ai une mauvaise nouvelle à vous apprendre...

— Veuillez continuer...

— Monsieur le baron a été hier la dupe de la plus astucieuse intrigue...

— Ah! monsieur, de grâce, faites-moi connaître toute l'étendue de mon malheur, dit la jeune femme essayant vainement de retenir les larmes qui inondèrent tout à coup son visage.

— Paul s'est laissé extorquer quatre-vingt-dix mille francs par Nina Montmorin...

— Ensuite?

La baronne prononça ce mot avec une anxiété qui frappa Rigobert. Il était évident que madame de Cherlieu n'attachait qu'une importance secondaire à la question d'argent, Elle réservait sa sensibilité pour une douleur digne de son noble caractère.

Le courtier fut un instant ébahi. Il ressemblait à un conteur prétentieux qui s'attend à voir ses auditeurs frappés d'épouvante et qui lit l'indifférence sur leur visage.

Désireux de produire de l'effet à tout prix, il dit avec véhémence :

— Vous ne comprenez pas, madame, que cette folle prodigalité est le prélude de votre ruine, si vous n'y mettez promptement ordre... Vous me connaissez assez maintenant pour savoir que mon zèle est motivé par le plus pur dévouement... Entre vous et Paul, il me serait impossible de faire un choix, car vous ne pouvez être heureux l'un sans l'autre... Mais il me sera bien permis de dire que dès le premier instant où je vous ai vue, je me suis senti attiré vers vous par une sympathie respectueuse plus forte que ma volonté; je vous ai aussitôt voué une affection sans bornes... Désormais il me serait impossible de goûter un moment de joie tant que je vous verrais souffrir... Pourquoi le sort ne m'a-t-il pas placé quelques semaines plus tôt sur votre route? Je n'assisterais pas aujourd'hui au plus terrible spectacle que puisse subir un homme de cœur : celui de voir gémir cruellement une femme devant laquelle la terre entière devrait se prosterner...

Madame de Cherlieu ne vit dans ces phrases ampoulées qu'une protestation de dévouement dictée par une sincère amitié. Elle tendit la main à Rigobert, et lui dit avec émotion :

— Merci, monsieur, je n'oublierai pas vos nobles sentiments...

Le courtier saisit vivement la main de la baronne et la baisa avec respect.

Depuis un instant, Paul s'agitait dans sa cellule comme un damné du moyen âge dans la cage incandescente inventée par les moines pour l'expiation des iniquités terrestres.

Il se tordait dans tous les sens sans pouvoir deviner le sujet de la conversation de Rigobert avec la baronne.

Cependant il saisit au passage plusieurs mots qui achevèrent de le rendre fou de rage et de jalousie...

Il lui sembla que la complaisance de sa femme à écouter le courtier était la condamnation flagrante de sa conduite, et sa fureur fit explosion quand il vit Rigobert imprimer ses lèvres sur la main de madame de Cherlieu...

Au moment où le courtier reprenait la parole, la

porte vitrée du cabinet vola en mille éclats, et Paul fit irruption dans l'appartement comme une bombe.

— Misérable! s'écria-t-il en se précipitant sur Rigobert, je laverai votre crime dans un fleuve de sang...

Il frappa le courtier à la joue avant que ce dernier, muet de surprise, eût eu le temps de se jeter en arrière, puis il se retourna vers sa femme et leva la main sur elle pour la frapper à son tour...

Mais le beau visage de la baronne se transfigura comme par enchantement. Une radieuse auréole de pureté et d'orgueil rayonna sur son noble front, et elle laissa tomber lentement ces paroles de ses lèvres :

— Mon ami, vous venez de commettre une mauvaise action...

L'innocence de madame de Cherlieu était si évidente, que Paul, écrasé de honte et de confusion, baissa la main et se retourna vers Rigobert pour faire retomber sur lui tout le poids de sa colère...

Le courtier, un instant pétrifié par l'inconcevable agression dont il venait d'être l'objet, se disposait à en tirer une éclatante vengeance, quand les gens de l'hôtel, attirés par le bruit de cette scène, firent tout à coup irruption dans l'appartement...

A la vue de ce scandale, l'énergie et le sang-froid abandonnèrent la baronne, et elle se laissa tomber dans un fauteuil en couvrant son visage avec ses mains pour cacher sa confusion...

Paul, le cœur déchiré par mille sentiments de colère, de honte et de jalousie, apostropha sourdement Rigobert :

— Ce soir, vous aurez de mes nouvelles, monsieur... lui dit-il.

— C'est ce que j'allais vous dire, répliqua le courtier...

L'hôtel fut bientôt envahi par les sergents de ville. Paul refusa de faire connaître les causes de la scène scandaleuse qui venait d'avoir lieu, et Rigobert l'imita.

Du reste ce dernier était loin de soupçonner la jalousie du baron. Le courtier attribuait sa colère au vif mécontentement qu'il avait dû éprouver en apprenant que sa femme était à Paris; et peut-être un peu aussi aux révélations au moins imprudentes que lui, Rigobert, avait faites à madame de Cherlieu...

— Je ne me plains pas, répondit Paul à l'officier de paix qui l'interrogeait.

— Mais vous vous êtes porté à des voies de fait?

— Personne ne le dit, répliqua le courtier.

— Du reste, je reconnais que mon imprudence a causé tout le mal, ajouta le baron; cette scène déplorable est la conséquence d'une erreur...

Comme tous les dégâts furent immédiatement payés, l'affaire n'eut pas d'autres suites judiciaires.

Avant de solliciter aucune explication, Paul quitta

l'hôtel et emmena immédiatement sa femme rue de Castiglione.

Tout s'éclaircit bientôt. En lisant la correspondance de Rigobert avec la baronne, Paul put se convaincre de son fatal aveuglement. Néanmoins il lui sembla que les confidences du courtier avaient dépassé les bornes fixées aux indiscrétions de l'amitié, et il regretta moins son agression...

Cette terrible épreuve lui avait fait tomber les écailles des yeux, et sans chercher à diminuer l'importance de ses fautes, il en fit à sa femme une sincère confession...

Jamais joie ne fut égale à la sienne, lorsqu'il entendit la baronne lui dire en lui prenant les mains :

— Mon ami, je n'ai pas douté un seul instant de ton cœur, je te le jure!... Cette épreuve nous sera très-utile, en ce sens qu'elle nous rendra tous deux plus prudents.

— Chère Ernestine!... Où avais-je la tête, mon Dieu!...

— Tu as fait un vilain rêve, voilà tout...

— Et cette brèche à notre fortune?...

— Écartons les questions d'argent, Paul... Du reste j'ai à cet égard certain projet que je te communiquerai... Nos terres de Cherlieu sont presque improductives, nous les rendrons peut-être fertiles...

— Tu es mon bon ange! dit Paul en couvrant les mains de la jeune femme d'ardents baisers...

Cependant une préoccupation cruelle agitait la baronne. Elle songeait au duel, conséquence, suivant elle, inévitable du soufflet donné à Rigobert.

Mais les témoins envoyés par Paul revinrent en disant que le courtier avait quitté son domicile pour voyager pendant un mois.

IX

Le cœur d'une Pieuvre.

Paul fut presque heureux du départ de Rigobert. Il lui répugnait de verser le sang d'un vieil ami plus maladroit que coupable...

— Je comprends pourquoi il est parti, dit-il à la baronne; il a voulu donner au temps le soin de calmer mon irritation; mais il reviendra, car il est brave..

M. de Cherlieu écrivit à Dijon pour se procurer la somme qu'il s'était engagé à payer à l'huissier Pivron, et deux jours après, il reçut l'assurance qu'il pourrait faire honneur à sa signature... Le départ du baron et de sa femme devait avoir lieu immédiatement après la conclusion de cette affaire.

Pendant que ces événements se passaient, il se faisait une curieuse révolution dans l'esprit de Nina.

Cette femme étrange, née daans l'alcôve d'une courtisane, dont l'enfance avait été corrompue par les plus funestes exemples, et qui, jusqu'à ce moment, n'avait consenti à accepter les hommages des hommes que pour en faire une base d'exploitation, se surprenait à rêver comme une bergère de Florian...

La passion aveugle et naïve de Paul avait d'abord étonné la pieuvre, puis un trouble inexplicable s'était peu à peu glissé dans le cœur de cette femme, et un matin elle s'était avoué qu'elle avait *un caprice* pour le jeune baron...

Comme elle se croyait certaine de ne pas laisser échapper sa proie, elle imita les animaux de race féline, auxquels elle ressemblait du reste par les instincts; elle recula le plus longtemps possible le dénouement de cette intrigue, afin d'en doubler le prix en irritant les désirs de Paul...

La passion qu'elle ressentait pour la première fois de sa vie ne lui avait cependant pas fait perdre de vue ses intérêts. Elle appartenait à cette classe de femmes qui mesurent l'amour de leurs adorateurs à l'importance des sacrifices que ces derniers font pour captiver leurs bonnes grâces.

Nina Montmorin était une vraie sybarite.

Quand elle vit le succès de son audacieuse machination assuré, elle résolut de récompenser le baron en donnant satisfaction à ses propres désirs.

C'est sous l'influence de ce sentiment qu'elle écrivit à Paul le brûlant billet dans lequel elle lui faisait pressentir d'une façon si transparente sa prochaine défaite.

Nina attendit la visite du jeune homme avec une impatience fiévreuse. Elle sentait battre son cœur pour la première fois...

Je ne prétends nullement présenter son agitation au lecteur comme un modèle de chaste et profond amour. Il y a des délicatesses qui sont l'apanage spécial de la vertu. Seules, les âmes vierges et pures peuvent les ressentir ; aussi élèvent-elles ordinairement le caractère au-dessus des ardeurs matérielles qui souillent presque toujours les passions nées spécialement d'une surexcitation des sens.

Nina voulait avoir le baron pour amant. Le cas échéant, elle se sentait l'énergie de le défendre ensuite contre toutes les femmes. Il y avait tout à la fois dans son cœur des désirs, de l'orgueil, et cette vague curiosité de l'inconnu qui pousse irrésistiblement la créature vers les attrayants mystères de l'avenir...

— Qui sait... il est peut-être destiné à me faire connaître cet amour enivrant, décrit par les poètes, que j'ai toujours regardé comme un conte bleu... disait-elle en ramenant sur son front quelques boucles rebelles au fer du coiffeur...

A trois heures de l'après-midi, elle se rongeait les ongles d'impatience; à quatre heures elle déchira de colère un mouchoir garni de dentelles; enfin, à cinq heures, elle sonna pour se faire habiller après avoir brisé un magnifique service à thé provenant de la duchesse de Berry, dont Pilowitz lui avait fait cadeau la semaine précédente.

La pieuvre, pourpre d'impatience et de colère, vint chercher des nouvelles de Paul au café *Mazarin*, où elle espérait trouver Rigobert.

Elle n'y rencontra que Turette Fromageot.

— Vous cherchez sans doute votre petit baron? lui dit la grosse fille en ricanant.

Turette, exécutée depuis deux jours, n'avait plus rien à redouter de son impitoyable créancière.

— Je ne parle pas à des femmes de votre espèce, répondit Nina avec un suprême dédain.

— Ne soyez pas si fière, ma mie, reprit la grosse fille; votre amant vous a plantée là...

Madame Montmorin voulut hausser les épaules pour jouer le mépris; mais le vif incarnat de ses joues et l'éclair qui passa dans ses yeux la trahirent...

— Ah! bah! cela vous fait rager à ce point! s'écria Turette, rose de plaisir; que sera-ce donc quand vous saurez que votre baronnet vous abandonne pour sa femme...

— Vous mentez... murmura la pieuvre dont les lèvres pâlirent de fureur...

— Une personne magnifique... Rigobert, qui s'y connaît, assure que c'est la plus belle créature de Paris, ajouta mademoiselle Fromageot. Je comprends que ce n'est pas gai d'être ainsi éclipsée; mais vous baissez, ma poulette, vous baissez que cela fait pitié à voir...

Nina étouffait de fureur. Tous les mauvais instincts éclataient sur son visage, naguère si charmant, et lui donnaient le plus hideux aspect. Elle se rapprocha de Turette et lui dit à voix basse :

— Je me vengerai de vous d'une façon exemplaire, soyez-en sûre...

Puis elle s'éloigna aussitôt.

— Eh! dis donc, Clémentine! viens donc consoler la Montmorin, qui a égaré la clef de son cœur chez M. *Je-te-balance!* s'écria Turette, s'adressant à une grande fille, coiffée en griffon, assise à deux pas d'elle... Madame offre une forte récompense honnête à celui qui lui rapportera une mèche authentique du chérubin à Nini...

Nina s'élança dans sa voiture, le cœur déchiré par

les impertinents éclats de rire de la grande Clémentine, qui lui *en voulait* depuis longtemps.

Elle envoya aussitôt son groom prendre des informations à l'hôtel de Paul.

Le domestique acheva de lui mettre le désespoir dans le cœur, en lui apprenant que madame la baronne de Cherlieu était arrivée le jour même à Paris...

Les gens de l'hôtel ignoraient ce qui s'était passé rue des Mathurins.

X

L'assassinat.

Le lendemain, la pieuvre écrivit une lettre brûlante à Paul... Le papier portait en plusieurs endroits la trace de ses larmes.

Peines perdues, le baron lui retourna sa lettre sans la décacheter...

Dans sa fureur, Nina sangla d'un coup de cravache le visage de son groom... Puis le même soir, elle se rendit à une station télégraphique et adressa à Paul la dépêche ci-dessous :

« Madame Montmorin prie instamment M. le baron « de Cherlieu de passer chez elle... Il le faut... »

Elle reçut le lendemain la réponse suivante par la même voie :

« La baronne de Cherlieu, obéissant aux ordres de « son mari, informe madame Montmorin que M. Paul « de Cherlieu ne se rendra pas à son invitation. »

A la réception de cette dépêche, Nina ressentit une de ces colères terribles qui ont besoin de violences pour s'apaiser. Dans sa fureur, elle brisa toutes les porcelaines et tous les cristaux de sa chambre à coucher... Elle se laissa ensuite tomber sur une ottomane, les cheveux épars, les yeux rougis par les larmes et les mains ensanglantées...

Pendant un instant, elle se déchira la peau du cou avec une rage féroce; puis, la prostration succédant peu à peu à cet emportement sauvage, elle laissa couler silencieusement ses pleurs...

Le lendemain le docteur Jaboulot, appelé à son chevet, dit qu'il craignait une méningite...

Ses prévisions ne furent pas justifiées, car trois jours après, Nina Montmorin se montrait au bois dans un de ces affreux paniers qui semblent avoir été fabriqués spécialement pour les culs-de-jatte.

La pieuvre conduisait elle-même, et ses regards impérieux, pleins de fauves éclairs, se fixaient avec une arrogance remplie de défis sur tous les hommes...

Comme une tigresse avide de carnage, elle cherchait une proie digne de ses sanglants appétits de vengeance...

Soudain ses deux sourcils se rapprochèrent et ses narines frémirent... Elle venait d'apercevoir dans une grande berline, à cent pas devant elle, un homme qui se penchait tendrement vers une jeune femme...

C'était Paul de Cherlieu.

— Enfin, je vais donc la voir, cette huitième merveille du monde, qui m'a fait subir de telles humiliations... murmura-t-elle en appliquant un grand coup de fouet à sa jument...

En approchant de la baronne, Nina sentit son cœur se serrer comme dans un étau. Tous les serpents de la plus implacable jalousie s'agitèrent dans son sein... Elle voulut parler, mais les mots s'arrêtèrent dans sa gorge, une sueur glacée lui couvrit les tempes, et elle frappa sa jument avec une violence bestiale...

L'éclatante beauté de madame de Cherlieu avait foudroyé en quelque sorte sa rivale. Devant une aussi évidente manifestation de la vérité, Nina courba la tête...

Paul, tout entier au charme de la conversation, ne songeait qu'à savourer son bonheur. Le triomphe modeste de sa femme remplissait son cœur d'ineffables sensations et l'empêchait de remarquer ce qui se passait autour de lui. Il ne vit pas la pieuvre.

La baronne l'aperçut, car Nina était une de ces femmes qui commandent l'attention; mais elle n'en parla pas à son mari, dans la crainte d'interrompre le doux concert d'amour qu'il murmurait à son oreille.

Madame de Cherlieu n'avait jamais vu Nina, et en l'apercevant elle fut loin de se douter que c'était là la dangereuse créature qui avait été sur le point d'étendre un voile éternel de deuil sur son bonheur.

A partir de cet instant, la pieuvre se renferma chez elle, en refusant formellement de recevoir aucune visite. A peine ouvrait-elle la bouche pour donner des ordres à ses domestiques.

Ses traits, naguère encore si séduisants, devenaient chaque jour plus anguleux; ses grands yeux bleus étincelaient de feux diaboliques; deux cercles violacés leur faisaient un cadre sinistre. La fraîcheur de son teint avait complètement disparu; de larges plaques marbrées couvraient son visage, et la couleur purpurine de ses lèvres n'était plus qu'un souvenir.

Tout indiquait chez cette femme la préméditation de quelque ténébreuse vengeance.

Si les habitants de la rue de Castiglione eussent eu la mission de surveiller les abords de l'hôtel habité par M. et madame de Cherlieu, ils se fussent sans doute émus des démarches bizarres que fit autour de cette maison, pendant toute la journée du dimanche, une femme exactement voilée.

A plusieurs reprises les commerçants du quartier la remarquèrent sous les arcades, en conférence intime avec des employés de l'hôtel et des maisons voisines.

On prétendit même qu'elle était montée en voiture, accompagnée d'une femme de charge, à trois heures de l'après-midi, et que depuis ce moment la domestique n'avait pas reparu.

C'est dans la soirée de ce jour que le crime dont je vais parler fut commis.

L'enquête à laquelle les magistrats se livrent en ce moment paraît devoir établir les faits suivants :

Depuis que madame de Cherlieu habitait l'hôtel de la rue Castiglione, elle se baignait tous les deux jours, dans sa chambre à coucher, à dix heures du soir.

Par exception la baronne avait témoigné dimanche le désir de prendre son bain à neuf heures. Son mari la quitta à huit heures et demie pour se rendre à un rendez-vous d'affaires relatif à la dette de madame Montmorin, dont le payement devait avoir lieu trois jours plus tard.

Madame de Cherlieu venait de se déshabiller; au moment de passer son peignoir, elle congédia sa femme de chambre, et alla pousser la porte que la caméristc avait mal fermée.

Après avoir enlevé son dernier vêtement, la baronne étendait la main vers un fauteuil placé auprès de la fenêtre, pour y prendre son peignoir, lorsqu'une jeune femme sortit tout à coup de derrière le rideau et s'avança pour se mettre entre madame de Cherlieu et le fauteuil...

La baronne, surprise et effrayée, recula vivement et se jeta du côté de la cheminée en poussant un cri aigu !...

Plus prompte que la foudre, l'inconnue bondit par-dessus la baignoire, s'élança comme une lionne sur madame de Cherlieu, lui broya le bras droit qu'elle étendait vers la sonnette, et lui plongea jusqu'à la garde un petit poignard dans le sein...

La baronne poussa un long cri de douleur; mais elle se raidit et fit un suprême effort pour se dégager...

Son ennemie leva de nouveau le bras et lui porta un deuxième coup avec l'aveugle fureur de la démence.

La lame du poignard, arrêtée par la clavicule, se brisa, et la féroce créature frappa avec la poignée.

En ce moment deux portes furent enfoncées à la fois... Les gens de l'hôtel, attirés par les cris de désespoir de madame de Cherlieu, se ruèrent sur la meurtrière, à laquelle ils eussent peut-être fait un mauvais parti sans la prompte intervention des sergents de ville...

Quand Paul rentra une heure plus tard, il se trouva tout à coup entre sa femme percée de plusieurs coups de poignard, et Nina Montmorin couverte de sang et gardée à vue par les sergents de ville, sous l'accusation d'assassinat...

Le malheureux craignit un instant de devenir fou. Sa douleur fut de celles qu'aucune plume ne peut décrire.

Le lendemain, pendant qu'un médecin constatait que les blessures de madame de Cherlieu n'étaient pas mortelles, le docteur J..... déclarait que le baron, atteint d'une grave affection cérébrale, lui donnait de sérieuses inquiétudes.

Le lecteur a sans doute compris que Nina, surprenant la bonne foi d'une servante de l'hôtel, s'était introduite dans l'appartement de madame de Cherlieu, à l'aide des renseignements donnés par cette domestique.

Une fois là, sa victime était livrée à sa discrétion...

Un mois s'est écoulé depuis le tragique évènement dont l'hôtel de la rue de Castiglione a été le théâtre. M. et madame de Cherlieu sont tous deux en pleine convalescence.

Aujourd'hui même, Paul a reçu une lettre de Rigobert. Le courtier reconnaît qu'il a exagéré les devoirs de l'amitié; mais il a été plus maladroit que coupable... C'est la crainte de compromettre la réputation de madame de Cherlieu, pour laquelle il ressentira toujours le plus profond respect, qui lui a fait braver l'opinion publique... Il a mieux aimé passer pour un lâche que de lui causer du chagrin. Cependant il a encore sur le cœur le soufflet de Paul. De tout autre, il n'eût jamais dévoré en silence une pareille injure... Il l'accepte comme expiation de ses torts... Il se met néanmoins à la disposition du baron...

Après avoir lu, Paul dit en soupirant :

— Une trop grande distance nous sépare désormais... Cette lettre est le convoi funèbre de l'amitié...

Les amateurs de procès tragiques, — et ils sont malheureusement encore bien nombreux à notre époque, — se disposent déjà à faire les démarches nécessaires pour se procurer de bonnes places quand viendra l'affaire de la pieuvre, qui est inscrite au rôle depuis cinq jours.

Nina est plongée dans une prostration voisine de de la stupidité ; elle n'en sort guère que pour répandre des larmes...

Il est probable que l'autorité ne permettra pas de publier son portrait.

FIN DE LA REINE DES PIEUVRES.

LE BONHOMME D'AUTEUIL

LE BONHOMME D'AUTEUIL

I

Tous les habitants d'Auteuil se souviennent encore de ce bon M. Machavoine et de sa vieille gouvernante Perpétue.

Le bonhomme vivait plus heureux dans sa jolie maisonnette, entourée d'acacias et tapissée de chèvrefeuille, que le shah de Perse dans son palais de Téhéran ; car il possédait les véritables trésors du sage : la santé qui maintient l'équilibre de l'esprit, et l'aisance qui assure l'indépendance des idées. La vue de la misère lui causait une horreur insurmontable; cependant il recherchait avec une sorte d'avidité les malheureux, et jamais il ne les quittait sans leur laisser quelques marques de sa compassion, invariablement assaisonnées d'une petite diatribe sur la dureté des mondors de ce siècle.

Machavoine aimait les hommes en raison inverse du rang qu'ils occupaient dans le monde, mais cette affection était toute philosophique. Sous les haillons du mendiant, il ne voyait qu'une créature d'une essence divine, condamnée par des coutumes iniques à traîner la dégradante livrée de la servitude. En revanche, il adorait naïvement les enfants. On le rencontrait souvent sur la pelouse du bois de Boulogne, où il passait de longues heures à les voir jouer; ses traits bienveillants, animés d'une sympathique gaîté, indiquaient alors toute la part qu'il prenait à leurs éclats.

Le bonhomme ressentait pour les animaux la vénération superstitieuse des Brahmanes, et recherchait comme eux jusque dans les plus élémentaires complications de la matière animée les traces mystérieuses de l'âme humaine. Son esprit se révoltait à l'idée de se nourrir de chair et de soutenir sa vie en donnant la mort à d'innocentes créatures. A l'instar des Hindous, il résolut même un instant de s'astreindre scrupuleusement au régime végétal. Malgré les déclamations furibondes de dame Perpétue, il était parvenu à faire prévaloir une partie de ses idées, et il se disposait à en savourer les doux fruits, lorsque son orgueil fut précipité de ces sublimes hauteurs sur le sol raboteux de la réalité par la lecture d'un feuilleton scientifique.

Il découvrit avec horreur qu'il absorbait chaque matin en déjeunant d'innombrables quantités d'animalcules sous l'apparence d'un petit pain de beurre. Son microscope lui montra des peuples d'infusoires gambadant dans l'eau de sa carafe, et une simple inspection lui fit apercevoir tout un monde de bizarres insectes caché sous la peau veloutée de la laitue, et dans les cellules mystérieuses du chou de Bruxelles.

Machavoine reprit en soupirant ses anciennes habitudes, non sans entendre bourdonner à ses oreilles la voix impertinemment railleuse de Perpétue, qui avait recours aux plus grossiers quolibets pour lui reprocher cette fugue d'austérité. Cet échec le mit un instant en garde contre les innovations, et pendant quelques jours il s'efforça même de défendre le passé au préjudice de l'avenir ! Mais cette boutade réactionnaire ne survécut pas à l'épreuve d'une consciencieuse réflexion. D'ailleurs, il faut le dire à la louange du bonhomme, ces fluctuations d'idées ne changeaient rien à la sensibilité de son cœur, et les malheureux l'eussent probablement associé tôt ou tard à cette misère qu'il craignait tant, sans la vigilance infatigable de sa gouvernante.

Jamais le fameux dragon commis à la garde du jardin des Hespérides ne déploya une sévérité égale à celle que la belliqueuse Perpétue exerçait à l'égard des intrus, assez audacieux pour tenter de franchir le seuil de la porte de Machavoine, lorsque leur solvabilité ne lui avait pas été officiellement attestée par le notaire Châtelard. Peu à peu elle avait fini par prendre la direction absolue des affaires de son maître. Elle surveillait avec une sollicitude toute maternelle la rentrée des revenus, présidait à la dépense, acquittait les impôts, convoquait quand cela devenait nécessaire le tailleur et le bottier, et garnissait invariablement chaque matin le porte-monnaie de monsieur d'une large pièce de cinq francs, que ce dernier ne manquait jamais de distribuer aux nécessiteux pendant sa promenade.

Le bonhomme avait jadis possédé une grosse montre d'or, une épingle ornée d'un superbe brillant, et quelques autres bijoux provenant de l'héritage paternel; mais il ne lui restait aucun de ces objets, fondus depuis longtemps dans le creuset dévorant de son inépuisable charité, et jamais la prudente Perpétue ne voulut consentir à ce qu'ils fussent remplacés, dans la crainte bien légitime de voir les nouveaux venus prendre rapidement le chemin de leurs prédécesseurs.

Machavoine ne subissait cependant point la tyrannie de sa gouvernante sans protester. Pendant plusieurs années même de violents conflits d'autorité s'élevèrent entre le maître et la domestique. Mais comme le bonhomme ne possédait que sept mille livres de rente, dame Perpétue lui démontrait, avec cette logique implacable de la ménagère qui connaît à un millième près le prix d'un œuf, qu'il ne pouvait se livrer à de plus grandes prodigalités sans côtoyer la misère, et il se résignait en soupirant.

Ces légers nuages n'apparaissaient du reste plus qu'à de rares intervalles dans le ciel serein du philosophe bonhomme, et sa vie s'écoulait douce et calme comme un beau jour d'été, lorsque survint un événement qui bouleversa toutes ses habitudes.

A l'époque où commence ce récit, Machavoine

venait à peine d'atteindre sa trente-troisième année. Mais sa démarche indolente, sa tête penchée par l'habitude de la réflexion, et la coupe plus que surannée de ses vêtements lui donnaient de loin la tournure d'un vieillard. De près on était étonné de découvrir, sous l'aspect grotesque que lui imprimaient ses petits favoris coupés au ras de l'oreille, et ses longs cheveux plats tout à fait incultes, des traits jeunes et intelligents. Lorsqu'il parlait des destinées futures de l'humanité, ou de la dureté des heurenx de la terre pour leurs semblables, une étincelle de génie illuminait ses regards, ses gestes prenaient une ampleur solennelle, et le bonhomme ridicule disparaissait un instant pour faire place à l'apôtre enthousiaste de la fraternité universelle.

Machavoine était un honnête homme dans toute la rigoureuse acception du mot, exempt d'ambition et rempli des plus généreuses idées pour ses frères; mais il était, hélas! philosophe; c'est-à-dire qu'il avait une manière spécialement à lui d'envisager certaines choses. Ses opinions paradoxales à l'égard des femmes avaient surtout donné un cachet bizarre à son originalité. Il les haïssait d'instinct, sans cependant avoir jamais rien eu à leur reprocher. Quelques lectures imprudentes, faites à un âge où la raison est encore à l'état de germe dans le cœur de l'homme, l'avaient jeté de bonne heure au milieu de cette funeste voie, et il prenait candidement pour de profondes convictions ce qui n'était que le fruit de ses rêveries d'écolier.

Le moment critique des passions livra de rudes assauts aux idées du jeune doctrinaire ; l'homme menaçait d'amener son pavillon, mais l'orgueil du philosophe triompha de toutes les attaques. Pour achever de se rendre inexpugnable dans ses sceptiques retranchements, Machavoine se mit à étudier avec une ardeur frénétique l'histoire des défaillances de la femme, depuis l'aventure paradisiaque d'Ève jusqu'au fameux procès en séparation de la jolie baronne de B...

Il ne se contenta pas seulement de condamner sans appel les malheureuses pécheresses pour leurs faiblesses personnelles, il voulut encore charger leur dossier de toutes les catastrophes sociales dont elles ont été directement ou indirectement la cause. Une fois en possession de ces armes puissantes, il crut pouvoir braver, et brava en effet, les plus irrésistibles séductions d'un sexe cruellement calomnié. Les premiers éléments du droit lui imposaient, il est vrai, le devoir de ne pas se prononcer en dernier ressort, dans un procès où il était tout à la fois juge et partie, sans entendre la plaidoirie de ses adversaires; c'est-à-dire sans étudier aussi l'histoire sublime des vertus, des dévouements et des héroïsmes de la femme.

Mais on est philosophe ou on ne l'est pas, et Machavoine avait la prétention de mériter ce titre. Malgré son humeur essentiellement pacifique, il se fût battu à outrance contre l'audacieux qui le lui eût contesté. En vertu de ce beau privilège, il ne se croyait pas obligé d'astreindre prosaïquement ses actes à la censure d'une banale logique; cependant il faut lui rendre la justice de dire que la pensée d'étudier les qualités du sexe qu'il poursuivait de ses persécutions, ne s'était jamais présentée à son esprit. La haine des femmes assombrissait le tableau correct de sa vie sans qu'il se doutât de cette tache.

Dame Perpétue avait trop la conscience de ses véritables intérêts pour songer à éclairer son maître. Luisante et dodue comme un chanoine de Lesage, elle avait peu à peu pris des habitudes casanières qui augmentaient sa morgue en faisant la solitude autour de la maisonnette. Pelotonnée dans sa graisse comme le rat du bon La Fontaine dans son fromage de Hollande, elle n'employait les ressources de son intelligence qu'à défendre envers et contre tous l'entrée de son fort, espérant bien y passer en paix le reste des jours que le Créateur lui avait dévolus. Aussi la madrée commère recueillait-elle avec une étrange avidité les histoires scandaleuses pouvant fortifier les antipathies matrimoniales de Machavoine, en s'efforçant bien entendu de lui cacher les belles actions qui eussent pu éveiller sa curiosité. Sur ce terrain le bonhomme et sa servante se donnaient une franche accolade.

II

Mollement assis dans son grand fauteuil appuyé contre la fenêtre, le philosophe était un soir occupé à relire pour la centième fois le premier volume d'un ouvrage intitulé : *Les Crimes des reines*, lorsque Perpétue entra brusquement dans sa chambre. Elle lui tendit d'un ton farouche une lettre dont la suscription avait été tracée par un inconnu.

— D'où vient cette lettre? demanda Machavoine en allongeant la main sans lever les yeux.

— Le sait-on... Depuis qu'on augmente le nombre des écoles gratuites chacun se mêle d'écrire... En vérité il y a des gens qui ne savent guère à quoi employer leur temps...

Après avoir débité ces paroles avec un grognement significatif, la vieille gouvernante croisa les deux mains sur son ventre replet, et attendit bravement que son maître lui fît la lecture de cette mystérieuse missive. Le philosophe ne vit rien d'extraordinaire dans une telle familiarité, car l'impérieuse domestique s'était arrogé le droit de pénétrer tous ses secrets. Il jeta un regard investigateur sur l'adresse et rompit l'enveloppe en disant :

— Je ne connais pas cette écriture.

— Ni moi, ajouta la commère.

Tout à coup les yeux de Machavoine papillotèrent comme s'il eût ressenti des éblouissements; il passa sa main sur son front à plusieurs reprises, parcourut de nouveau la lettre et demeura ensuite absorbé dans ses rêveries pendant plusieurs minutes.

Debout devant lui, le cou tendu, les yeux arrondis comme ceux d'une chouette essayant de transpercer d'épaisses ténèbres, dame Perpétue attendit, non sans donner quelques marques d'impatience, que son maître lui fît enfin connaître de quoi il s'agissait. Mais ce dernier paraissait l'avoir complètement oubliée; il jeta la lettre sur le guéridon et dit, en accompagnant ses paroles d'un sourire ironique :

— Fou... fou... il était fou! qu'il aille au diable... ou plutôt qu'il en revienne, car il doit y être maintenant...

— Ah! mon Dieu! est-ce que vous perdez la raison? s'écria la gouvernante ébahie en écartant es bras; de qui parlez-vous?

Machavoine ne lui répondit pas, il se leva et se mit à arpenter fébrilement la chambre en murmurant :

Eh bien! nous verrons... Ah! ils croient, parce que je suis philosophe, que je n'ai pas de volonté... Ah! ils complotent contre mon repos... Ah! ils veulent me plonger dans cet enfer que j'évite avec tant de peine depuis de si longues années... Ah! ils me défient... Nous verrons, nous verrons... Je leur ferai voir que Machavoine a bec et ongles pour se défendre...

Lasse d'entendre des mots dont elle ne comprenait pas le sens, Perpétue se planta héroïquement devant son maître en se croisant les bras.

— Me ferez-vous enfin connaître ce qui se passe? dit-elle d'un ton qui ne comportait plus d'atermoiement.

— Je vous le donne en mille à deviner.

— Quelqu'un vous demande de l'argent?

— Au contraire, j'hérite...

— Alors de quoi vous plaignez-vous?

— C'est une conspiration contre mon repos.

— Allons, vous divaguez... Il ne me tombera pas une tuile comme cela sur la tête, à moi... Et de combien est cet héritage?

— Cent mille livres de rente... à deux.

— Cent mille francs de rente! s'écria avec une câlinerie indescriptible dame Perpétue, dont les joues rubicondes devinrent subitement cramoisies. Ah! monsieur, vous savez combien je vous ai toujours été attachée; c'est vous que j'ai le plus aimé au monde, après mon pauvre François, que le bon Dieu ait son âme; et, encore, quand je dis après, c'est par pure formalité, car...

— Oui; je sais, je sais...

— Vous êtes si bon pour les autres que vous ne manquerez pas de faire un sort à votre vieille gouvernante... Oh! Dieu! s'il ne fallait que me couper en quatre pour vous prouver mon attachement...

— Rassurez-vous, il ne vous sera pas nécessaire de me donner cette marque un peu barbare d'amitié, car je suis décidé à refuser cet héritage.

A ces mots les traits de Perpétue subirent une nouvelle et fort laide transformation. Le sang se retira de ses joues, ses sourcils se froncèrent et elle planta ses poings sur ses hanches en s'écriant d'une voix menaçante :

— Par exemple, c'est ce que nous verrons!

— Ne prenez pas une allure si belliqueuse, vous allez être la première à me conseiller ce refus.

— Moi, jamais!

— Ecoutez, dit le bonhomme en prenant la lettre déposée sur le guéridon, et surtout pesez bien les conditions qui me sont imposées pour devenir possesseur de cette fortune.

— Comment, il y a des conditions? demanda Perpétue ébahie.

— Et de singulières... C'est un tour posthume de mon cher parrain, naguère encore le plus vert galant de la bonne ville de Dijon...

Machavoine prit place dans son fauteuil et lut ce qui suit, non sans laisser échapper quelques signes d'agitation :

« Etude de Me Croulebarbe, notaire à Dijon.

« Monsieur,

« J'ai l'honneur de vous prévenir que M. Louis-Do-
« nat Pertuisier, votre parrain, décédé à Dijon le

« 27 mai de la présente année, vous a institué léga-
« taire de la moitié de ses biens, à la condition
« expresse que vous épouserez dans le délai d'un an,
« à partir du jour de l'ouverture du testament, ma-
« demoiselle Jeanne-Ursule Frémont, votre petite-cou-
« sine. Par le même testament, mademoiselle Frémont
« est instituée légataire de l'autre moitié des biens de
« M. Pertuisier, à la charge de vous accorder sa main.

« Dans le cas où vous ne vous conformeriez pas à
« la volonté du testateur, toute sa fortune, qui s'élève
« approximativement au chiffre de deux millions deux
« cent mille francs, deviendrait, à l'expiration du délai
« fixé, la propriété de la société orphéonique de Dijon.

« En attendant vos ordres, veuillez
« agréer, etc... »

— Ah ! le brigand ! si je le tenais... s'écria Perpétue visiblement ébranlée.

— J'attends votre avis pour agir, dit le philosophe en s'efforçant de paraître calme.

La vieille gouvernante ne possédait pas l'esprit paradoxal de Machavoine; mais si son étroite intelligence ne s'élevait point vers de sublimes hauteurs, elle pouvait, en revanche, défier les plus subtiles combinaisons de Gobseck quand il s'agissait d'établir le bilan de ses intérêts. Elle comprit instinctivement que l'entrée d'une femme dans la maison briserait aussitôt son autorité et porterait un rude coup à l'état de ses finances; car la rusée commère avait depuis longtemps trouvé le secret de faire *légalement* passer la meilleure partie des modestes revenus du philosophe entre les mains d'un vieil usurier, exerçant sa philanthropie au sixième étage d'un squelette de masure de la rue Mondétour. Elle essaya un de ces sourires équivoques, semblables à la grimace d'un singe songeant à mordre son cornac, et répondit humblement :

— Vous avez raison, monsieur, ce vieux sacripant en voulait à votre bonheur.

— Vous ouvrez enfin les yeux...

— A votre place, je sais ce que je ferais, moi...

— Expliquez-vous.

— J'irais à l'instant trouver M. Châtelard, et, au moyen d'une bonne renonciation, je me mettrais à l'abri de tout ce tracas...

— C'est une idée, en effet.

— Voulez-vous que je prépare vos *affaires* pour sortir?

— Mais il est bien tard...

— Il ne faut jamais remettre au lendemain la besogne difficile...

III

Pendant que cette scène se passait à Auteuil, madame Frémont, la mère de la jeune personne désignée dans le testament de Pertuisier comme sa légataire, recevait une lettre de Me Croulebarbe, semblable, sauf les noms, à celle adressée à Machavoine.

Madame Frémont était veuve d'un honorable magistrat, qui avait secoué de bonne heure le joug pétrifiant de la lettre, dans la loi, pour y substituer l'esprit généreux du législateur. Elle occupait, rue de Verneuil, un vaste appartement mal meublé, situé au cinquième étage d'une vieille maison, et elle se contentait, pour le service intérieur, de l'aide parcimonieuse d'une femme de ménage acariâtre.

Au premier abord, madame Frémont ne présentait rien qui décelât en elle un caractère original. A peine âgée d'une quarantaine d'années, elle avait cependant depuis longtemps déjà abdiqué toute prétention à la coquetterie, quoique sa taille fine et souple, la chaude nuance de ses cheveux châtains, retombant en anglaises sur ses tempes, et ses traits juvéniles, un peu mignards, lui eussent encore donné le droit de se souvenir que l'amour est l'affaire la plus essentielle de la vie pour une femme : mais madame Frémont était dévote, et dévote dans toute la rigoureuse acception de ce mot; c'est-à-dire qu'elle observait avec une puérile sévérité les plus minutieuses pratiques imposées aux fidèles par l'Eglise. Manquer d'assister à une neuvaine, à un sermon ou à quelque pieuse assemblée était, à ses yeux, un crime mille fois plus irrémissible que les féroces brigandages de Jud et de Muller.

La religion présidait d'une façon absolue à tous les actes de cette digne personne. Elle s'éveillait avec une action de grâce sur les lèvres, s'habillait en murmurant quelque oraison d'humilité, et ne se décidait jamais à boire ou à manger sans avoir préalablement supplié Dieu de lui pardonner les jouissances matérielles que le soin de sa conservation lui imposait. Toutes les pièces de son appartement avaient des prie-Dieu, et sa chambre à coucher était une véritable chapelle. L'alcôve était tapissée de buis bénit, de scapulaires, de médailles à l'effigie de toutes les madones du monde et d'une innombrable quantité d'ex-voto. Les murailles étaient ornées d'un chemin de la croix complet, et le tapis représentait le baptême de saint Jean. Nul ne pouvait pénétrer dans ce sanctuaire, sans être aussitôt imprégné d'une odeur de dévotion qui saisissait à la gorge.

Il semblait qu'une personne vivant au milieu de cette sainte atmosphère dût être nécessairement versée dans toutes les principales questions théologiques qui ont le privilége de partager l'attention générale depuis quelques années. Il n'en était pourtant rien, madame Frémont allait aux offices et récitait ses prières avec la plus scrupuleuse ponctualité; mais il ne lui était jamais venu à l'esprit l'idée de chercher à comprendre un seul mot à ses patenôtres. C'est à cela surtout qu'elle devait la foi inébranlable qui en faisait un des plus solides piliers de l'Eglise militante. Croire aveuglément à la parole des ministres du culte sans jamais rien examiner, telle était la base fondamentale de sa conduite. Il eût pris fantaisie à un prêtre apocryphe de fulminer une excommunication générale contre toute la nation française, mademoiselle Jeanne Frémont comprise, qu'elle se fût aussitôt inclinée en faisant un pieux signe de croix. Les sentences de son directeur spirituel se gravaient, dans son âme naïve, d'une manière aussi indestructible que les hiéroglyphes pharaoniques sur le granit égyptien. Elle ne pensait plus depuis longtemps, elle s'agitait méthodiquement comme le balancier d'une machine.

Madame Frémont avait été assez heureuse pour rencontrer un confesseur, sinon éclairé, du moins foncièrement honnête, qui se bornait à lui donner de paternels conseils. Aussi était-elle restée ce que la nature l'avait d'abord faite : une chaste et inoffensive créature, exempte surtout de ces fameux péchés mignons qui causent de si grands ravages dans le sacré bercail.

Mais, avec toutes ses qualités, madame Frémont était néanmoins une triste citoyenne et une mauvaise mère. Triste citoyenne, car elle ne relevait absolument que de l'Eglise et ne reconnaissait d'autre souveraineté que celle du Saint-Père. Mauvaise mère, parce qu'elle avait employé jusqu'à ce jour tous ses efforts pour étouffer, dans le cœur de sa fille, le germe des pensées généreuses et des nobles aspirations de la jeunesse, afin d'y substituer l'abrutissant esclavage des règles monastiques. L'idéal de cette pieuse dame avait toujours été de faire de Jeanne une espèce de statue vivante, emprisonnée dans ses devoirs de dévote comme une momie thébaine dans ses bandelettes de lin, qui fût apte à occuper un jour le poste radieux de dame patronesse dans une confrérie quelconque. Avait-elle réussi à mener à bien cette sainte entreprise? Toutes ses amies s'empressaient de l'affirmer; seul M. Boisfleury se permettait parfois à cet égard des réflexions sceptiques.

Ce M. Boisfleury était le commensal habituel de madame Frémont. Elle l'avait rencontré deux ou trois ans auparavant sur le seuil d'une sacristie. Entre le familier d'un ecclésiastique et une dévote il n'y a que la distance d'un *Pater;* on le récite en commun et la connaissance est faite. M. Boisfleury n'avait extérieurement rien de la vieille école des Tartuffes. Il portait toute la barbe comme un disciple de Proudhon, et ne baissait guère la paupière que pour s'endormir. Son existence était réglée en partie double comme les registres d'une maison qui traite la faillite avec des égards. Il employait la matinée à entendre une messe basse, où il montrait, par parenthèse, fort peu de recueillement, et voyait ensuite son monde pour les *affaires*.

Les affaires de M. Boisfleury avaient une certaine importance, car il s'était constitué le banquier général de tout le bas clergé. Depuis le plus humble donneur d'eau bénite jusqu'au premier vicaire de paroisse, chacun puisait dans sa bourse; et, chose inouïe pour un banquier, il ne réclamait jamais un centime de commission ni d'escompte. Il se contentait de recueillir en prières et en bénédictions les doux fruits de sa générosité. Seulement M. Boisfleury appartenait, — ou disait appartenir, — à une grande société philanthropique anonyme; et il priait instamment ses clients de ne point oublier les pauvres...

Grâce à la charité, et un peu aussi à l'amour-propre des pieux emprunteurs, cette ingénieuse façon de procéder permettait à l'habile personnage de se faire six mille livres de rente, en fractionnant à l'infini un capital d'environ vingt-cinq mille francs.

Jusqu'à midi, M. Boisfleury exerçait son intéressant ministère dans le faubourg Saint-Germain, où il avait un modeste petit appartement en harmonie avec les humbles aspirations de son cœur. Mais à une heure précise, il traversait la Seine et venait étaler ses grâces sur le boulevard des Italiens. On le voyait chaque jour parmi les vulgaires viveurs qui garnissent les terrasses des cafés à la mode. Il se carrait assez souvent à l'orchestre des Variétés, et ne dédaignait point, le cas échéant, de goûter au gros sel du Palais-Royal.

Un soir un vieil ecclésiastique, doué de la foi candide et robuste qui fait les martyrs, le rencontra nez à nez, à dix heures, sur le trottoir de la rue Cadet, donnant le bras à une jeune femme coiffée d'un toquet magyare. Le prêtre passa outre en rougissant ; mais

Boisfleury quitta le bras de sa dame pour courir après lui.

— Vous me prenez en flagrant délit de générosité, dit-il en saluant profondément; cette jeune personne vient d'être insultée par trois mauvais sujets, et elle m'a prié de lui servir de protecteur jusqu'à sa porte.

— C'est une bonne action dont Dieu vous tiendra compte, répondit le naïf ecclésiastique en se reprochant mentalement d'avoir eu une mauvaise pensée.

On savait fort bien dans les pieuses confréries du noble faubourg que Boisfleury hantait le monde interlope, car il ne prenait pas la peine de se cacher; mais on attribuait ces apparentes habitudes de désordre à la nécessité de masquer certaines reconnaissances, faites dans le camp ennemi pour le compte d'une puissante association religieuse. L'homme d'affaires souriait d'un petit air discret lorsqu'on touchait à cette corde devant lui, et s'efforçait bientôt de changer le sujet de la conversation. Tout le monde rendait hommage à sa prudence, tandis qu'il riait sous cape de la niaiserie de ses semblables.

Boisfleury exploitait fructueusement le saint troupeau depuis plusieurs années déjà, lorsqu'il rencontra madame Frémont. Il avait alors environ trente ans. Son premier mobile fut de chercher le chemin du cœur de la veuve, dont la mélancolique beauté valait bien encore quelques coups d'encensoir. Il reconnut bientôt la vanité de ses prétentions; car la pauvre dame ne prenait ses tendres œillades et ses galantes prévenances que comme une monnaie courante de politesse à l'usage des gens du monde. Suffisamment édifié à cet égard, l'agent d'affaires recula prudemment avant de s'être trop compromis; mais il se promit d'utiliser ses relations au profit de son petit commerce. Madame Frémont était connue dans toutes les associations religieuses du faubourg, et pouvait servir d'intermédiaire entre les ecclésiastiques en détresse et leur généreux protecteur.

Dès le premier jour, Boisfleury s'aperçut que ses manières communes réussiraient fort peu auprès de la prude veuve; aussi s'efforça-t-il de mettre autant que possible son langage en harmonie avec les actes qu'il affichait. Le naturel, ce vrai miroir de l'âme, le trahit bien plusieurs fois; mais madame Frémont ne vit, dans ces rares boutades, que de légitimes sorties contre les iniquités de l'époque, semblables aux expressions violentes mises en vogue par quelques écrivains catholiques.

A l'instant où commence ce récit, l'homme d'affaires caressait des idées nouvelles pour l'avenir. Les beaux yeux de mademoiselle Jeanne faisaient violemment battre son cœur, et il songeait à en faire sa femme. La fortune de madame Frémont ne s'élevait qu'à environ cent vingt mille francs, il est vrai; mais tout est relatif, et s'il eût été possible d'envoyer instantanément la mère en paradis, — but constant des aspirations de la brave dame, — Boisfleury ne se fût pas beaucoup fait prier pour conduire la fille à l'autel.

Heureusement la suppression des personnes, fort en honneur dans les drames populaires, est en revanche très-peu pratiquée dans la vie moderne. Pour les stratégistes psychologiques, l'habileté consiste aujourd'hui à tourner les forteresses qu'il est impossible de prendre d'assaut. C'est ce qu'essayait de faire Boisfleury. Il voulait tout doucement décider madame Frémont à franchir le seuil de quelque maison cloîtrée, au sein de laquelle elle eût été sûre de trouver, avec le vivre et le couvert, les grâces efficaces pour mener à bien son salut ; le tout moyennant une vingtaine de mille francs une fois versés. Il devait ensuite se charger des cent mille francs qui resteraient à Jeanne, en donnant, par pure charité chrétienne, son nom à la jeune fille.

Quoique très-audacieux, ce plan allait peut-être devenir une réalité, — du moins l'homme d'affaires le croyait, — lorsque la nouvelle relative au testament du vieux Pertuisier vint brusquement le détruire.

IV

Madame Frémont, la lettre du notaire Croulebarbe à la main, attendait avec impatience l'arrivée de Boisfleury, qu'elle avait mandé pour lui faire part de cette importante communication et réclamer ses conseils. Jeanne, occupée dans la salle à manger à broder une garniture destinée à l'autel de l'Immaculée Conception, jetait de minute en minute un regard inquisiteur vers la porte du salon, et cherchait à saisir le sens des mots que sa mère prononçait.

Jeanne avait dix-huit ans; une opulente chevelure brune couronnait son front, blanc comme le sommet de la Jung-Frau, et une ineffable poésie était répandue sur ses traits, corrects et gracieux à désespérer Phidias.

Cependant, au premier abord, cette jeune fille semblait avoir enterré à jamais les juvéniles aspirations de son cœur dans l'atmosphère glacée de la vie monacale. Toujours prête à obéir aux désirs de sa mère, elle s'acquittait de ses innombrables devoirs religieux avec une égalité d'humeur qui servait de thème intarissable à l'admiration des dévotes, amies de la maison.

Parfois néanmoins un sourire ironique effleurait les lèvres de Jeanne, et lorsqu'elle croyait n'être point aperçue un éclair passait dans ses yeux. Ces mystérieux symptômes, plusieurs fois surpris à la dérobée par l'homme d'affaires, lui causaient une inquiétude indéfinissable. Madame Frémont croyait pouvoir les conjurer en ajoutant une oraison à sa prière du soir.

Le joli visage de la jeune fille exprimait depuis un instant la contrariété qu'elle éprouvait de ne pouvoir deviner ce qui causait la préoccupation de sa mère, orsque le tintement de la sonnette la fit tressaillir.

Boisfleury était d'une humeur massacrante; on venait de lui dire qu'un jeune abbé, récemment interdit par son évêque, s'était enfui en lui emportant quatre cents francs. C'était là une des mauvaises chances de son métier. Néanmoins, avant de mettre la main sur le cordon de la sonnette, il boutonna son paletot, fit rentrer dans son gilet les bouts d'une cravate tapageuse et s'efforça de composer son visage.

— Madame Frémont est chez elle? dit-il à la jeune fille en saluant avec une grande déférence.

— Oui, monsieur; je crois qu'elle vous attend...

Au coup de sonnette, madame Frémont s'était levée pour venir au-devant du visiteur. Elle le fit entrer au salon, ferma la porte avec soin, et bientôt l'on n'entendit plus que le murmure produit par deux personnes qui parlent à voix basse.

Jeanne s'était d'abord rassise et ses jolis doigts avaient repris sa broderie, mais elle ne se remit point au travail. Au contraire. Après avoir doucement tourné la tête, elle tendit le cou comme une tourterelle cherchant à percevoir des notes lointaines, et retint pendant quelques secondes sa respiration. Sa physionomie exprima bientôt une vive contrariété, car le bruit des voix n'arrivait à la salle à manger que comme un brouhaha au milieu duquel il était tout à fait impossible de distinguer les paroles.

Jeanne parut un instant en proie à un violent combat. Ses paupières battirent comme les ailes d'un grand oiseau prêt à s'élancer dans l'espace, une chaude teinte vermillonna ses joues et deux ou trois trépidations soulevèrent son corset. Tout à coup les traits de la jeune fille prirent la rigidité du marbre, elle se leva calme, mais sévère, et s'approcha lentement de la porte qui communiquait au salon. Avant d'appuyer l'oreille contre la serrure, elle hésita encore, on eût dit qu'elle allait accomplir un acte décisif pour sa destinée; puis ses sourcils se froncèrent, elle se pencha et recueillit avec avidité les paroles suivantes :

— Oui, ma chère dame, disait Boisfleury, l'intérêt bien entendu de l'Eglise exige de vous ce sacrifice... une fois maîtresse de cette fortune considérable, vous pourrez mener promptement à bien la grande et chrétienne entreprise dont je vous ai soumis l'idée.

— Vous n'avez donc pas compris les conditions qui nous sont imposées? répliqua madame Frémont.

— Je vous demande pardon.

— Eh bien ?

— Eh bien ! ce M. Machavoine sera trop heureux de vous abandonner le soin de veiller à ses intérêts. J'ai reçu, il y a quelques jours, la confirmation de ce que vous m'aviez dit à son sujet ; c'est bien, en effet, un original inoffensif qui s'efforce vainement de jouer à l'esprit fort.

— Ces gens-là sont inexpugnables dans leurs idées, dit madame Frémont avec une candeur qui fit sourire Boisfleury.

— Nous en viendrons à bout, j'en réponds, repartit péremptoirement ce dernier.

— Je partagerais votre opinion si vous aviez des droits réels à vous mêler de cette affaire ; mais je sens que je n'aurai jamais la force nécessaire pour dompter un tel hérétique...

Après ces paroles, il se fit quelques minutes de

silence; en habile tacticien, Boisfleury en profita pour changer ses plans. Les deux millions du vieux Pertuisier avaient produit sur ce chasseur de pièces de cinq francs le même effet que l'odeur d'un cadavre sur un vautour en quête d'aventure. Pour prendre part à cette riche proie, il était de toute nécessité qu'il sacrifiât ses goûts, — il ne faut pas profaner le mot amour. — Ce sacrifice fut promptement accompli, et il crut même l'instant favorable pour essayer de faire revivre ses premiers projets.

Prenant donc une de ces résolutions énergiques qui font dépendre l'avenir du résultat d'une conversation, Boisfleury se leva et vint se placer devant madame Frémont dans une attitude respectueuse. Son visage avait une expression grave et solennelle, et tout accusait en lui une profonde émotion.

Promettez-moi, madame, que vous ne garderez aucun mauvais souvenir de la communication que je vais avoir l'honneur de vous faire? dit-il d'une voix habilement saccadée. Je jure, devant Dieu et devant vous, que sans les grands intérêts religieux qui s'agitent, j'aurais éternellement enseveli ce secret dans mon sein...

Il prit son mouchoir et s'épongea le front, qui était parfaitement sec, et attendit dans l'attitude d'un criminel écoutant son arrêt. Madame Frémont, troublée par cette habile mise en scène, se creusait l'imagination pour savoir de quoi il s'agissait.

— Je vous le promets, répondit-elle enfin.

— Oh! merci, madame! je n'attendais pas moins de votre chrétienne indulgence.

— Parlez, je vous avoue que je suis impatiente de connaître votre secret...

Boisfleury prit un air suppliant et dit à mi-voix :

— Quelle opinion aurez-vous de moi, madame, lorsque vous saurez que le premier sentiment que j'ai ressenti à votre vue, il y a trois ans, a été une admiration enthousiaste pour votre beauté ?...

— Monsieur, interrompit la dévote suffoquée de surprise.

— Mais, rassurez-vous, reprit vivement le drôle, j'ai appris à apprécier les trésors infinis de charité que votre noble cœur renferme, et depuis j'ai essayé de vous imiter en travaillant aussi sans relâche à détacher mon âme des vanités de ce monde.

— Ce sont là de belles résolutions, je vous en félicite... dit madame Frémont très-embarrassée.

— Rien n'égale pour moi le mérite de capter vos suffrages, madame, et je me serais toujours contenté de cette précieuse faveur, sans l'évènement de ce jour...

— Je ne vous comprends pas.

— Vous disiez tout à l'heure que vous partageriez ma confiance sur l'issue d'une lutte contre M. Machavoine, si j'avais le droit de me mêler de cette affaire.

— Eh bien !

— Il vous appartient de me déléguer à cet égard un pouvoir absolu.

— Parlez donc !

— Si j'avais l'honneur d'être votre mari lorsque mademoiselle Jeanne portera le nom de Machavoine, rien ne s'opposerait alors à ce que je prisse le timon de vos intérêts...

Une vive rougeur couvrit le front de madame Frémont, et elle resta pendant quelques minutes comme pétrifiée ; puis, la parole lui revenant avec le sang-froid, elle murmura :

— C'est impossible...

— Impossible, dites-vous, reprit vivement Boisfleury, décidé à forcer la position ; ah ! madame ! vous n'avez pas réfléchi avant de prononcer ce mot désolant... Impossible, quand il suffirait peut-être d'une parole favorable pour réaliser la grande œuvre de piété destinée à porter la mémoire de votre nom jusqu'aux siècles les plus reculés... Impossible, un sacrifice dont toutes les saintes femmes de l'Écriture, la glorieuse mère de notre Sauveur en tête, vous ont donné le sublime exemple... Non, madame, non, je connais trop bien les divines aspirations de votre âme pour croire que vous persisterez dans cette aveugle résolution... D'ailleurs, si vous l'exigez, l'union que je vous propose, faite en vue des intérêts de l'Église, ne sera jamais souillée par une consécration terrestre et profane ; et, comme Joseph de Nazareth, je me croirai trop honoré d'être votre premier serviteur...

Pendant le discours de Boisfleury, les traits de madame Frémont reprirent peu à peu leur sérénité ; l'idée d'acquérir des droits à la gloire religieuse, par un acte pour lequel elle ne se sentait au fond nulle répugnance, triompha bien vite de ses refus pudibonds, et elle répondit en baissant les yeux :

— S'il m'était, en effet, péremptoirement démontré que ce mariage est indispensable pour assurer le succès de notre entreprise, je pourrais peut-être élever mon âme à la hauteur de ce sacrifice...

Malgré l'amertume de ce dernier mot, Boisfleury redoublait ses instances, et cherchait à surprendre une promesse définitive, lorsque madame Frémont lui dit assez brusquement :

— Nous débattrons plus tard cette question ; mais il existe un obstacle beaucoup plus difficile à franchir pour arriver à la réalisation de nos projets.

— Lequel ?

— Parmi ses lubies solidement enracinées, mon

cousin Machavoine en possède une qui les domine toutes : il éprouve une antipathie ridicule à l'endroit du mariage, corroborée par un mépris absolu des richesses. Cependant, d'après la lettre du notaire, son union avec ma fille est indispensable pour acquérir des droits à l'héritage.

En entendant ces mots, Jeanne sentit un flot de sang empourprer ses tempes, et elle redoubla d'attention.

— Je le sais, répondit l'homme d'affaires; mais devant la séduisante beauté de mademoiselle Jeanne, l'esprit fort amènera son pavillon, soyez-en sûre...

Madame Frémont hocha la tête avec inquiétude, et la sévère dévote, qui, dans d'autres circonstances, eût considéré comme un énorme péché mortel la pensée de s'approprier illégalement un fêtu de paille appartenant à son prochain, ne recula pas devant la recherche des moyens les plus honteux, pour faire servir la fortune léguée à Machavoine et à sa fille, à je ne sais quelle occulte fondation religieuse, grossièrement machinée par Boisfleury.

— Rien n'est moins certain que cette supposition, dit-elle après un instant de silence; d'ailleurs cet homme vit en véritable sauvage...

— Et sa maison est gardée avec plus de vigilance par sa vieille gouvernante que l'étendard détesté du faux prophète par les infidèles... Vous voyez que je suis au courant de tout ce qui le concerne.

— C'est vrai; mais je ne devine guère par quel moyen je parviendrai à lui faire des ouvertures, au sujet de ce mariage, sans blesser sa dignité... et la mienne ?

— Nous aviserons, chère dame, nous aviserons, reprit Boisfleury d'un air jovial plein d'assurance; en attendant il est nécessaire de prévenir mademoiselle

Jeanne de ce qui se passe, afin de la disposer à nous seconder.

— Ma fille m'obéira, dit la dévote d'un ton superbe.

— Je n'en doute point; mais le succès de l'affaire dépend de son zèle, il faut lui inspirer la sainte ardeur qui nous anime. D'abord, connaît-elle ce M. Machavoine?

— Elle ne l'a jamais vu.

— Tant mieux! le mystère est toujours favorable en pareil cas. Si nous la faisions venir de suite, afin de ne pas perdre de temps?

— C'est chose facile...

En entendant les pas de madame Frémont, qui se dirigeait vers la porte de la salle à manger, Jeanne se releva et bondit comme un oiseau effarouché. Une seconde après elle était assise auprès de la table, sa broderie à la main. Mais un nuage rose couvrait son visage et de violents soupirs soulevaient convulsivement sa poitrine. Madame Frémont ne remarqua rien.

— Jeanne, dit-elle d'une voix impérieuse et sèche, venez au salon, on a quelque chose à vous communiquer.

— Je vous obéis, ma mère, répondit la jeune fille.

V

— Perpétue est pleine de bon sens, se disait le philosophe Machavoine en endossant son vieux paletot vert-bouteille, il ne faut jamais remettre au lendemain la besogne difficile... Très-bien! mais voilà un gros nuage qui accourt tout en pleurs du coteau de Meudon; il va probablement tomber une forte averse, et comme je ne suis pas encore tout à fait passé à l'état de plante potagère, je ne vois aucune nécessité de me faire arroser en allant à la station du chemin de fer... Allons, bon ! le tonnerre se met de la partie... Quelles gouttes! elles sont larges comme des quadruples d'Espagne... Perpétue prendra la chose comme elle l'entendra, mais je ne sortirai pas aujourd'hui...

En achevant ce soliloque, Machavoine ôta son paletot, remit sa petite jaquette, et vint ensuite tambouriner sur les vitres en chantonnant comme un homme heureux d'avoir un prétexte pour rester à la maison.

— La pluie vous fait peur ? lui dit aigrement la gouvernante du seuil de la porte.

— Elle est très-froide aujourd'hui; d'ailleurs il est bien tard, et le notaire n'est plus à l'étude...

— Vous avez peut-être raison; mais, croyez-moi, faut en finir au plus vite avec cette affaire; moi d'abord, je ne dormirai pas tranquille tant que ce testament nous menacera...

Le philosophe hocha la tête et battit la retraite sur les vitres. Perpétue le regarda un instant de côté et sortit en haussant les épaules.

Le lendemain toute trace d'orage avait disparu. L'air était frais et embaumé, et les oiseaux cachés dans le feuillage célébraient les splendeurs de la matinée par mille joyeux concerts. Machavoine fut enchanté de se trouver à son réveil au milieu de cette belle fête de la nature ; car il venait de faire des songes fort désagréables pour lui. Pendant toute la nuit il avait énergiquement lutté contre un grand-visir de la vieille école musulmane, qui voulait absolument lui donner le pachalik de Trébizonde avec un harem de deux cents beautés circassiennes...

— Quelle belle occasion j'aurais là pour croire aux pressentiments, dit le philosophe en étendant les bras

Superstition à part, je vais me débarrasser aujourd'hui de ce malencontreux testament.

Machavoine endossa de nouveau le fameux paletot vert-bouteille, et, après avoir déjeuné copieusement, comme un homme près d'entreprendre une tâche laborieuse, il sortit de chez lui le pied léger et le cœur allègre. Mais, au moment de se diriger vers l'embarcadère, il réfléchit. Le trajet par l'omnibus lui sembla plus séduisant que le parcours monotone du chemin de fer de ceinture. Quarante-cinq minutes après, le philosophe flânait doucement dans le jardin du Palais-Royal. Depuis plus de deux heures déjà il était occupé à suivre avec attention les joyeux ébats des bambins du quartier, oubliant dans ce doux passe-temps le testament de Pertuisier et sa visite chez le notaire, lorsqu'une vieille femme infirme, assise auprès de lui, implora un secours de sa générosité. Afin de toucher le cœur du bonhomme, elle lui raconta ses malheurs d'un ton lamentable. Son mari, homme dur et ignorant, la battait impitoyablement chaque jour, et la menaçait à tout instant de l'abandonner... Après avoir déploré en termes bien sentis les funestes effets du mariage, Machavoine, dont une pleur humectait la paupière, serra énergiquement la main de la vieille femme, lui glissa mystérieusement son porte-monnaie sur les genoux et se leva pour se diriger vers l'étude du notaire Châtelard.

Les pas du philosophe, d'abord rapides et fermes comme ceux d'un homme impatient d'atteindre son but, se ralentirent peu à peu lorsqu'il arriva près de la Bourse. Il s'arrêta même un instant devant la vitrine d'un libraire, sépara deux gamins orgueilleusement occupés à défendre, à grands coups de poing, leur *honneur* maculé de la boue du ruisseau, s'intéressa pendant quelques minutes à la fuite d'une perruche chassée par les concierges du voisinage, et finit par passer devant la porte de son notaire sans la remarquer. A la Madeleine il s'aperçut de cette distraction. Il se disposait à revenir sur ses pas, lorsqu'il vit passer auprès de lui trois officiers japonais attachés à l'ambassade envoyée en France par le taïkoun. Comme il désirait depuis longtemps examiner à loisir l'angle facial de ces Asiastiques, il se mit à leur piste et ne les quitta qu'au rond-point des Champs-Élysées.

Machavoine arriva à Auteuil la tête bourrée de questions anthropologiques ; car il avait rencontré un nègre à l'arc de triomphe de l'Étoile et un Egyptien près du puits de Passy.

— Comme vous êtes gai, monsieur, lui dit Perpétue du plus loin qu'elle l'aperçut, on voit bien que vous n'avez plus ce maudit testament sur la conscience.

Machavoine, surpris par un compliment si peu mérité, rougit comme le confesseur d'une jolie pécheresse et baissa les yeux sous le regard fascinateur de sa gouvernante. Il se disposait à débiter un mensonge pour éviter la mercuriale qui s'avançait lorsque le sentiment de sa dignité lui fit tout à coup repousser cette lâche tentation.

— L'affaire du testament n'est pour rien dans ma bonne humeur, reprit-il avec fermeté, car je n'ai pas vu le notaire.

— Il était absent ?

— Je l'ignore.

— Comment, vous l'ignorez ; vous venez cependant de sa maison ?

— C'est-à-dire que je me suis borné à passer devant la porte de l'étude.

Après avoir héroïquement prononcé ces paroles, le philosophe solidifia son chapeau sur sa tête et rentra chez lui d'un pas orageux. Perpétue, les yeux écarquillés et la bouche béante, le vit passer devant elle sans pouvoir trouver un mot pour exprimer sa stupéfaction. Mais il se fit un prompt revirement dans son esprit; la colère succéda à la surprise, elle serra les poings avec rage, fit entendre un grognement de mauvais augure et s'élança sur les traces de son maître. La discussion ne dura que quelques minutes ; l'impitoyable mégère sut tirer un si bon parti de sa brutale éloquence, que le pacifique Machavoine ne songea plus qu'à avouer ses torts et à laisser ensuite passer la bourrasque.

Après une nuit relativement calme, le philosophe, muni des sévères recommandations de dame Perpétue, se dirigea vers l'embarcadère du chemin de fer, animé par la ferme résolution d'en finir avec le testament. Mais la fatalité paraissait décidément s'attacher à ses pas ; au moment même où il franchissait le seuil de la station, le conducteur du train donnait le signal du départ. Machavoine crut agir sagement en employant la demi-heure qui le séparait du prochain convoi à faire une petite promenade aux environs de l'embarcadère.

Tout préoccupé des évènements extraordinaires qui bouleversaient sa paisible existence depuis deux jours, il se mit à marcher avec une précipitation fébrile en faisant de judicieuses réflexions sur la sottise des chasseurs d'or, qui mettent leur bonheur à contempler de viles sacoches au lieu de le faire consister dans la satisfaction de leur conscience... Il prit tour à à tour parti pour ou contre le libre arbitre, blâma les hommes esclaves de leurs passions, fit le procès aux riches pour leurs prodigalités, aux pauvres pour leur aveuglement dans les grandes crises sociales, et, tout en philosophant à sa manière, finit par se trouver auprès de la rivière du bois de Boulogne sans plus songer à sa visite au notaire Châtelard qu'aux mœurs conjugales des polypes.

Il y avait ce jour-là des courses qui avaient attiré beaucoup de monde au bois; des milliers de voitures défilaient au pas autour des bassins, et de nombreux piétons foulaient le sable des contre-allées. Ce spectacle bruyant changea peu à peu les idées noires de

Machavoine ; il finit même par jeter quelques regards curieux sur les jolies femmes qui faisaient assaut de luxe et de coquetterie autour de lui. Mais cette innocente distraction lui sembla tout à coup aussi coupable que le froissement volontaire d'une robe de soie paraît criminel à un austère disciple de Saint-François.

— Déjà près de trois heures ! s'écria-t-il stupéfait en consultant la hauteur du soleil ! C'est trop hésiter pour remplir un devoir ; si j'attendais plus longtemps on serait en droit de douter de mes principes...

En vertu de ce raisonnement spécieux, il se mit de nouveau en route pour gagner l'embarcadère. Mais les philosophes proposent et les gens d'affaires disposent. Au moment où le bonhomme prenait un chemin étroit conduisant aux fortifications, il vit venir à lui un groupe de trois personnes qui attira aussitôt son attention.

Devant une dame voilée donnant le bras à un gros

homme jovial, Machavoine remarqua une jeune fille vêtue d'étoffes aux couleurs éclatantes et coiffée d'un petit chapeau américain orné d'une large plume verte. Malgré le goût contestable de sa toilette, cette jeune fille avait dans tout son ensemble un air si sympathique et si séduisant que le philosophe, dominé par une puissance invincible, ne put la quitter des yeux tant qu'elle fut devant lui. Dans ses rêves les plus poétiques, il n'avait jamais rien imaginé qui approchât de cette merveilleuse apparition. Il s'arrêta, ébloui et fasciné par l'ineffable regard de l'inconnue; et s'il n'avait point été troublé dans sa contemplation par l'arrivée subite d'un cabriolet, qui se dirigeait à fond de train sur lui, il fût probablement resté longtemps encore planté comme un terme en cet endroit.

Après une hésitation de courte durée, Machavoine s'enfonça brusquement dans les massifs du bois. Il essaya pendant quelques instants de calmer son agitation en prenant un violent exercice, et fit de cette manière une route assez longue sans avoir la conscience de ses actions. Arrivé auprès d'une petite éclaircie, il se laissa choir sur la pelouse. Les veines de ses tempes étaient gonflées à se rompre et la sueur ruisselait abondamment sur ses joues.

— Je crois que ma pauvre cervelle se détraque depuis deux jours, murmura-t-il en s'essuyant le front ; je ne comprends plus rien aux sentiments qui m'agitent... Cette jeune fille est admirablement belle, il est vrai, et ses traits expriment la candeur et la bonté ; mais je sais trop combien ces séduisantes apparences sont trompeuses chez ce sexe perfide... Les salutaires enseignements de l'histoire me mettront toujours en garde contre les faiblesses de mon cœur... Arrière, arrière, image tentatrice, ma philosophie ne cédera pas... Vous vous ressemblez toutes, filles d'Ève, et sous les roses de vos lèvres je découvre le venin subtil qui donne la mort aux plus généreuses intelligences...

Machavoine se dit pendant plus de deux heures une

foule d'autres jolies choses de ce genre sans pouvoir parvenir à chasser de son esprit le souvenir de la jeune fille à la plume verte. Fatigué d'une lutte inutile, il se leva et prit le sage parti de laisser libre carrière à son imagination.

— D'ailleurs le temps se chargera bien d'opérer une cure que ma raison entreprend vainement, ajouta-t-il en forme de péroraison; car je ne reverrai jamais cette dangereuse créature...

— Ah ! mon excellent monsieur, c'est la Providence qui me place sur votre route, lui dit un vieux jardinier infirme, dont il avait soulagé la misère en maintes circonstances ; depuis quelques jours le malheur s'acharne sur ma famille... hier encore ma pauvre femme a été victime d'un terrible accident...

— Ah !

— Oui, monsieur ; au moment où elle traversait la

chaussée, elle a été renversée par une tapissière lancée à fond de train, et elle est restée sur le carreau...

— C'est très-malheureux, répondit machinalement e philosophe.

— Oh! vous pouvez le dire... mais ce ne serait encore que demi-mal si nous avions de l'argent à la maison. Ce matin j'ai présenté notre dernier drap à plus de dix brocanteurs, aucun n'a voulu l'acheter.

— Les hommes sont impitoyables...

— C'est vrai que chacun a ses petites affaires... Ah! mon digne monsieur, si tout le monde vous ressemblait, il n'y aurait pas tant de malheureux sur la terre...

Machavoine entendait fort bien les paroles du vieux jardinier, mais elles n'arrivaient point jusqu'à son cœur, exclusivement rempli de l'image de la jeune fille qu'il venait de rencontrer.

— Il ne faut jamais désespérer, dit-il du bout des lèvres; c'est souvent à l'instant où l'on y songe le moins que les secours arrivent...

En prononçant ces derniers mots le bonhomme déboutonna son paletot vert bouteille et chercha dans sa poche de côté. Le vieux jardinier, qui savait depuis longtemps ce que ce geste signifiait, tendit la main en rougissant; mais il vit avec stupeur Machavoine tirer son mouchoir et s'essuyer le front. Une larme de désespoir roula sur la face brunie du vieillard, et, après avoir salué, il se retira en murmurant d'un ton navré :

— Allons! je l'ai rencontré trop tard; quelqu'un avait déjà profité de sa générosité...

Pour la première fois de sa vie le philosophe venait, en possédant de l'argent dans sa poche, de rester sourd à un appel fait à sa philanthropie. Il ne se rendit exactement compte de la rudesse relative de ce procédé que lorsqu'il découvrit le toit de sa maisonnette à travers le feuillage des arbres. La présence d'esprit lui revint alors avec le danger ; car il frissonna à la pensée de rendre compte de son temps au tyran domestique qui l'attendait.

— J'ai été cruel pour ce vieux brave homme, murmura-t-il tout honteux, en cherchant vainement autour de lui un pauvre diable auquel il pût donner la pièce de cinq francs qui lui brûlait le gousset ; et, pour couronner dignement l'œuvre, je vais courber la tête comme un enfant devant le front superbe de dame Perpétue... O raison ! suis-je donc condamné à ne te consulter désormais que pour fuir tes précieux enseignements...

Tout enflammé par ce soliloque, Machavoine s'achemina courageusement vers sa demeure, bien résolu à donner une sévère leçon de discrétion à sa vieille gouvernante, si elle n'observait pas une sage réserve à son égard.

— J'espère que cette fois vous avez rencontré le

notaire ? lui dit Perpétue au moment où il allait pénétrer dans le jardin.

Trois ou quatre personnes passaient à cet instant sur le trottoir ; le philosophe, pris au dépourvu, craignit d'attirer leur attention s'il bravait publiquement l'autorité de la vieille, et il essaya de rentrer chez lui sans répondre. Mais il avait, en dame Perpétue, un argus qui ne se laissait pas facilement tromper. Elle se campa devant lui, les yeux flamboyants, le geste hautain, et lui dit du ton péremptoire qui lui était habituel :

— Il me semble que ma question vaut bien une réponse.

— Laissez-moi passer...

— Oui ou non, avez-vous vu le notaire ?

Cette insolente façon de s'exprimer causa tout à coup une violente colère à Machavoine, et il eut une conde l'idée de se précipiter sur la mégère pour l'étrangler; mais, en rencontrant son regard profond et implacable, il sentit aussitôt sa colère se fondre comme le plomb sous l'action de la fournaise, et il répondit humblement en baissant les yeux :

— J'ai vu le notaire...

Il n'y a que la première lâcheté qui coûte.

— Alors la renonciation est faite? reprit Perpétue.

— Pas encore...

— Pas encore? s'écria la vieille, frémissante, vous avez donc juré de me faire périr d'inquiétude...

— Le notaire est très-occupé en ce moment...

— Et quand vous a-t-il dit de revenir?

— Dans... quinze jours.

— Dans quinze jours... Après tout, c'est possible...

— Je puis vous assurer... bégaya l'infortuné.

— C'est inutile, je vous crois... on sait que vous ne mentez jamais, vous, un philosophe...

Après avoir lancé ce trait perfide à son maître, la vieille s'effaça et le laissa rentrer.

— Après tout, j'ai agi sagement, se disait Machavoine dans la soirée pour justifier ses défaillances; on ne lutte pas avec Satan, on le trompe...

VI

Le lendemain Machavoine, qui avait passé une nuit désastreuse pour la philosophie, se disposait à quitter sa couche, confidente muette de ses chagrins, lorsqu'il vit entrer dame Perpétue, décorée comme une moderne druidesse destinée à rehausser la marche triomphale du bœuf gras.

— Vous trouverez votre déjeuner sur la table de la

salle à manger, dit-elle en brandissant belliqueusement une ombrelle violette.

— Comment, vous sortez ?

— Je sors.

— Serais-je indiscret en vous demandant où vous allez ?

— Et de quel droit me feriez-vous cette demande ?

— Oh ! d'aucun ! veuillez me pardonner, je n'ai pas eu l'intention de vous offenser.

— Les domestiques sont-ils donc des esclaves, qu'ils ne puissent faire un pas ni dire un mot sans être obligés d'en rendre compte à leurs maîtres ?

— Allons, bon, vous vous emportez...

— Non ; mais en vérité si on se laissait conduire

par vous, vous prendriez bientôt un fouet pour mener les gens.

— Perpétue, vous devenez agaçante...

— Jour de Dieu! monsieur, ce n'est pas moi que vous trouverez disposée à endurer votre tyrannie, et si toutes les domestiques me ressemblaient...

— Je les enverrais au diable! s'écria Machavoine à bout de patience.

— Bien, bien, monsieur, grommela la vieille en se retirant, on sait ce que parler veut dire...

Machavoine se leva dévoré par la fièvre. La visite de Perpétue avait achevé de bouleverser sa cervelle, déjà fortement ébranlée par les hallucinations de la nuit. Il voulut faire une promenade au jardin; mais la vue d'une jeune personne qui passait dans la rue avec sa mère détruisit en une seconde ses superbes plans de conduite, et il se sauva dans sa chambre poursuivi par l'image implacable qui troublait sa raison.

— Ah ! si du moins elle était ma sœur, se dit-il pour donner le change à ses idées, je pourrais la voir constamment sans compromettre ma dignité de philosophe... Je pourrais nouer avec elle une de ces pures et nobles amitiés antiques inconnues de nos jours...

Tout à coup Machavoine bondit comme s'il eût été piqué par un aspic ; ses traits décomposés exprimèrent tour à tour des sentiments de honte et de fureur.

— Eh bien ! non, non, mille fois non ! s'écria-t-il avec énergie, je ne donnerai pas au monde ce déplorable exemple de défaillance morale. Il faut que l'esprit dompte la bête, il faut que la victoire reste à la raison. C'est non-seulement pour moi une question de dignité, c'est un devoir presque sacré auquel je ne puis me soustraire sans renier tous mes principes... Allons, je ne veux plus y songer... jamais, jamais...

Cette chaude protestation fut interrompue par une apparition qui cloua Machavoine immobile et comme pétrifié au milieu de sa chambre. De l'autre côté du jardin, à la fenêtre d'un petit pavillon inhabité depuis longtemps, il vit une jeune personne occupée à arranger un bouquet...

— Elle leva les yeux de son côté, leurs regards se croisèrent, et il reconnut la jeune fille à la plume verte.

Cette incroyable rencontre acheva de détruire le peu de bon sens qui restait encore au pauvre philosophe. Il se crut, sinon le jouet d'un songe, du moins le but de quelque ténébreuse machination, et s'enfuit en proférant de terribles blasphèmes contre les ennemis de son repos! Perpétue le retrouva, deux heures plus tard, accroupi dans un coin de la salle à manger, la tête dans les mains et les yeux égarés. Il ressemblait à un fou furieux, subitement arrêté au milieu de ses extravagances par une douche d'eau glacée.

— Grand Dieu! s'écria la vieille en se précipitant vers le buffet pour y prendre le flacon de vinaigre, que s'est-il donc passé pendant mon absence?...

— C'est vous, Perpétue... bégaya Machavoine, dont les gros yeux bruns roulaient mélancoliquement dans leurs orbites; vous êtes restée bien longtemps dehors...

Le philosophe se leva en passant sa main sur son front à plusieurs reprises. Le sang revint peu à peu à ses joues, et il sembla rentrer en possession de ses idées. Alors la colère de la gouvernante, un instant paralysée par l'effroi, éclata comme un ouragan des tropiques.

— Me prenez-vous tout à fait pour une mazette, s'écria-t-elle rouge de fureur, et avez-vous l'intention de me faire voir longtemps les étoiles en plein midi? Jour de Dieu! je ne suis qu'une domestique, mais si j'avais menti avec votre aplomb, je me croirais déshonorée!..

— Que voulez-vous dire ?... balbutia Machavoine pris d'une nouvelle terreur.

— Je veux dire que je viens de chez le notaire Châtelard...

— Ah !... vous êtes allée à son étude ?

— Oui; et on ne vous y a pas vu depuis six mois, monsieur le philosophe...

Machavoine baissa la tête, écrasé par la honte d'être pris en flagrant délit de mensonge ; mais une pensée énergique lui traversa tout à coup le cerveau. N'userait-il pas du droit de légitime défense en se débarrassant du tyran impitoyable qui courbait sa volonté sous un joug odieux ? et le despotisme brutal, exercé par Perpétue à son égard pendant dix ans, conférait-il à cette mégère le privilége d'empoisonner éternellement sa vie ? Il se dit qu'il faudrait avoir perdu tout sentiment de dignité pour subir un jour de plus ses grossières invectives, et il releva la tête avec fierté, heureux d'avoir un motif avouable de colère.

— J'ai fait ce que j'ai voulu, dit-il en soutenant intrépidement cette fois le regard terrible de la vieille; et je ne vous reconnais pas le droit de contrôler mes actes...

Perpétue s'attendait à tout excepté à une telle réponse. Fascinée par l'attitude énergique du philosophe, elle ne put trouver un seul mot pour exprimer la rage qui la consumait. Cependant elle essaya de maintenir sa position en se retranchant dans un rôle défensif.

— Vous êtes le maître, on le sait, reprit-elle d'un ton plus humble; mais je ne pensais pas que vous me feriez un crime de travailler dans vos intérêts...

— Gardez votre zèle pour les occupations qui vous incombent, et ne vous mêlez plus à l'avenir de mes affaires, ou nous nous séparerons...

— C'est bien, monsieur, murmura la vieille en se mordant les lèvres jusqu'au sang.

— Allez, et envoyez-moi un maçon de suite.

— Un maçon ?

— Oui, un maçon ; vous irez ensuite dans ma chambre, et vous ôterez les rideaux de la fenêtre du jardin.

Au moment de quitter la salle à manger, Perpétue s'arrêta en hésitant : un violent combat se livrait dans son esprit, mais la honte de l'échec qu'elle venait de subir paralysait tous ses moyens.

— Qu'attendez-vous pour exécuter mes ordres? lui demanda Machavoine du ton glorieux de Louis XIV après le passage du Rhin.

— Je voudrais dire quelque chose à monsieur...

— Parlez et soyez concise.

— Croyant travailler dans l'intérêt de monsieur, j'ai prié le notaire Châtelard de passer ici le plus tôt possible pour la renonciation...

— Quand doit-il venir ?

— Dans trois jours ; il prie monsieur de lui indiquer son heure...

— C'est bien ! allez où je vous ai dit...

Machavoine se croisa les bras en regardant sortir la vieille tigresse qu'il venait d'apprivoiser, et savoura pendant plusieurs minutes le doux plaisir du triomphe. Mais il n'est point de gloire sans tribulations; au moment où il s'enorgueillissat le plus de sa victoire, l'image de la jeune fille, entrevue quelques heures auparavant, remplit tout à coup son esprit de dévorantes pensées et courba sa tête altière sous la toute-puissance de l'amour.

Le philosophe n'échappait au joug humiliant de

la vieille Perpétue que pour retomber dans les fers bien autrement redoutables d'une jeune fille. Cet implacable ennemi des femmes semblait destiné à être éternellement leur esclave... Il voulut cependant épuiser toutes les ressources de la lutte avant de capituler, et le maçon amené par sa domestique boucha en quelques heures la fenêtre ouverte sur le jardin. Mais, à sa profonde stupéfaction, Machavoine vit le lendemain, par la deuxième fenêtre de sa chambre, prenant jour du côté de la rue, la jeune fille à la plume verte, assise sur le balcon de la grande maison qui lui faisait face. Elle semblait plongée dans une lecture fort attachante ; cependant ses regards glissaient de minute en minute par-dessus les pages du livre, et passaient comme de chaudes effluves sur le front cramoisi du philosophe.

Machavoine ferma ses rideaux avec fureur, et se jeta sur son lit, ivre d'amour et de rage. Perpétue, dévorée d'inquiétude, venait à chaque instant écouter à la porte pour chercher à surprendre, à travers les déclamations furibondes de son maître, le secret de son étrange conduite. Mais elle n'osait plus se permettre de l'interroger. Machavoine refusa de dîner et sortit le soir, contre toutes ses habitudes. La vieille gouvernante l'attendait en gémissant sourdement sur l'instabilité des félicités humaines; l'avenir lui apparaissait sombre et chargé d'orages, son trône chancelait sur sa base et tout faisait présager qu'il serait bientôt renversé.

— Le malheureux a perdu la tête, se disait-elle avec désespoir, en écoutant si son maître revenait; il faut que ce soit cela, car rien n'aurait pu détruire aussi complètement, en moins de trois jours, la bonté et la douceur d'un homme qui passait pour le plus tranquille de tout le quartier...

Perpétue songea même un instant à faire prévenir quelques parents éloignés, parmi lesquels madame Frémont figurait au premier rang, pour prendre les mesures légales nécessitées par les circonstances;

mais elle renonça à ce projet en pensant qu'elle ne ferait que précipiter la catastrophe.

Machavoine rentra à près de deux heures du matin. Il était plus farouche eucore qu'au moment de sortir.

— Aussitôt qu'il fera jour, dit-il à sa vieille domestique stupéfaite, je partirai pour faire un voyage de plusieurs semaines.

— Il faudra alors préparer les effets de monsieur ?

— C'est inutile, je n'emporte rien.

— Si j'osais demander à monsieur où il va, murmura Perpétue d'une voix tremblante, je pourrais lui adresser sa correspondance...

— Je vais où il me plaît, cela ne vous regarde pas, répondit durement le philosophe en rentrant chez lui.

A sept heures du matin il prit son portefeuille, ferma toutes ses armoires, dont il mit les clefs dans sa poche, et jeta cent francs sur la table de la cuisine.

— Si vous avez besoin d'argent avant mon retour, dit-il à la vieille qui écumait de rage et d'impuissance, vous vous adresserez au notaire Châtelard... Je n'ai pas besoin de vous indiquer le chemin de son cabinet...

VII

Trois jours après le mystérieux départ de Machavoine, Boisfleury et madame Frémont, mis aux abois par cette étrange disparition, se consultaient pour aviser aux moyens de retrouver ses traces. Afin de récompenser Jeanne du zèle qu'elle avait montré dans son rôle de la jeune fille à la plume verte, sa mère avait daigné lui permettre de prendre part au conciliabule. Jeanne était toujours docile et timide devant madame Frémont, mais un observateur eût facilement remarqué dans ses traits, lorsqu'elle parlait au pieux ami de sa mère, une certaine pointe d'ironie faisant présager un monde de sourdes menaces.

Boisfleury avait l'intuition de cette hostilité, sans néanmoins pouvoir trouver, dans toutes les paroles de la jeune fille, une seule syllabe qu'il pût incriminer.

Par prudence il gardait à cet égard ses impressions pour lui.

— Ainsi vos démarches n'ont eu aucun résultat satisfaisant? lui demanda madame Frémont après avoir relu pour la troisième fois une lettre arrivée le matin de Dijon.

— Aucun. M. Machavoine a vu le notaire Châtelard le jour où il a quitté Auteuil, mais j'ignore ce qui s'est passé. Cependant il est évident pour moi que l'héritage du bonhomme Pertuisier n'a pas laissé l'esprit fort indifférent...

— C'est mon avis, reprit la dévote soucieuse, j'ai néanmoins des craintes pour la suite de cette affaire. Jusqu'à ce moment nous n'avons guère à nous louer de nos succès...

— La beauté de mademoiselle a bouleversé la faible raison de ce pauvre homme, dit Boisfleury en jetant un regard cynique à la jeune fille, du moins ce qui se passe me le fait supposer; tôt ou tard il sera obligé d'avouer sa défaite...

Une vive rougeur colora les joues de Jeanne, la pudeur et la dignité livraient un rude combat dans son cœur à un sentiment que ni sa mère, ni Boisfleury ne soupçonnaient. Il fallait que ce sentiment fût bien fort, car il triompha de ses scrupules et elle garda un pacifique silence. Madame Frémont était tellement aveuglée par le désir de se faire un nom célèbre parmi la sainte milice des confréries, que cette ambition lui avait entièrement fait perdre la conscience de la moralité de ses actes; aussi donnait-elle des instructions à sa fille, pour jouer son rôle de séductrice, avec la conviction qu'elle faisait œuvre pie.

— Il y aurait aussi un moyen de savoir au juste à quoi s'en tenir sur les dispositions de Machavoine, reprit l'homme d'affaires après un instant de réflexion.

— Parlez.

— Malgré son humeur revêche, sa vieille domestique n'est peut-être pas aussi inabordable qu'on veut bien le dire.

— Vous vous heurterez le front contre un mur de granit.

Boisfleury hocha la tête d'un air de doute.

— Je connais la puissance magique de l'or sur ces natures égoïstes, dit-il en tournant lentement ses pouces; vingt louis bien employés pourront nous faire apprendre une foule de choses...

— Cette femme croira que vous en voulez à sa position, et elle vous repoussera sans vous écouter...

— Eh bien! ce serait alors le cas d'user des grands moyens...

— Je ne vous comprends plus.

— Il est souvent fort sage de couper une branche à un arbre pour fortifier le tronc, dit mystérieusement Boisfleury en jetant un regard de défiance à Jeanne.

Madame Frémont devina qu'il souhaitait l'éloignement de sa fille.

— Jeanne, dit-elle aussitôt, allez un peu dans votre chambre, nous avons à parler de choses qu'une jeune personne ne doit pas entendre.

La jeune fille sortit, sans répondre. Sa chambre était une grande pièce obscure, pauvrement meublée, reléguée dans le coin le plus solitaire de l'appartement. A côté d'un lit étroit, entouré de rideaux blancs, se voyait l'inévitable prie-Dieu de vieux chêne, fabriqué d'après les indications de madame Frémont. Deux chaises recouvertes de moquette fanée, une petite table d'acajou en mauvais état, chargée d'objets de toilette, et un grand christ noir, entouré de branches de rameau privées de feuilles, placé à côté d'une bibliothèque vermoulue, tels étaient les meubles de cette vaste et triste pièce, où l'odeur délétère de la moisissure régnait en souveraine, quoique la fenêtre restât ouverte une grande partie de la journée.

Habituée depuis longtemps à cet intérieur sombre et élimé, Jeanne s'y trouvait aussi heureuse qu'une sultane des contes arabes au milieu des splendeurs de la cour de Bagdad. Aussi sa physionomie subissait-elle tout à coup une merveilleuse transformation lorsque la porte de cette chambre se refermait derrière elle; car toute sa vie intellectuelle était concentrée en ce lieu. On eût dit que ce n'était plus la même personne, tant ses traits, ordinairement bénins et résignés, prenaient alors de noblesse et de grandeur. Son splendide visage illuminait cette triste solitude comme les rayons puissants d'un phare éclairent les récifs du rivage.

Après avoir fermé la porte en dedans, suivant une habitude justifiée par la solitude de cette pièce, Jeanne se dirigea vers une petite photographie, renfermée dans un cadre d'ébène, qui était suspendue à la muraille auprès de la bibliothèque. C'était le portrait de M. Frémont. La jeune fille le prit et le baisa à plusieurs reprises.

— O mon père! inspire-moi, dit-elle d'une voix

profondément émue; plus que jamais j'ai besoin de tes féconds enseignements...

Elle jeta ensuite un regard rapide autour d'elle, se hissa jusqu'au crucifix, prit derrière la croix une vieille clé avec laquelle elle ouvrit la bibliothèque, et s'assit en parcourant avec une extrême attention une liasse de notes manuscrites qu'elle venait de prendre dans un tiroir du meuble.

Madame Frémont avait provisoirement condamné les livres profanes enfermés dans cette bibliothèque à une réclusion sévère; plusieurs fois même l'idée lui était venue de s'en débarrasser en les faisant porter à l'Hôtel des ventes. Mais la pensée de contribuer à la propagation de doctrines anti-chrétiennes effrayait la pieuse dame, d'un autre côté elle ne pouvait se résoudre à faire une perte sèche de quatre à cinq mille francs, valeur approximative de ces livres, en les détruisant. En attendant que les évènements lui indiquassent une règle de conduite convenable, elle se contentait de les tenir sous clé, bien convaincue que jamais personne n'aurait la hardiesse d'ouvrir la bibliothèque sans son autorisation. Du reste elle croyait avec candeur, en plaçant secrètement la clé de ce magasin de perdition sous la protection du vieux christ, que le ciel ne permettrait jamais de la découvrir.

Les décrets célestes étaient probablement en désaccord avec les vœux de la brave dame, car Jeanne avait surpris ce secret depuis plus de cinq ans. Elle lutta longtemps contre la tentation d'enfreindre la volonté de sa mère; mais la curiosité, ce terrible écueil de la sagesse des pauvres mortels, finit par l'emporter, et elle franchit son Rubicon.

Jeanne trouva dans cette vieille arche satanique, outre une remarquable collection d'auteurs grecs et latins, de poëtes et de prosateurs du moyen âge, d'écrivains et de philosophes modernes, plusieurs grosses liasses de notes manuscrites, dans lesquelles son père avait en quelque sorte mis la quintessence de son esprit et de son cœur. Cette précieuse découverte causa une joie indescriptible à la jeune fille, dont l'esprit élevé et les généreuses aspirations faisaient le plus extrême contraste avec les idées étroites de madame Frémont.

A la lecture des pages éloquentes écrites par son père, Jeanne sentit un noble orgueil s'emparer de son âme, des sentiments, la veille encore inconnus, surgirent en foule de ses méditations; et semblable à la lumière puissante du soleil, qui éclaire en une seconde les objets qu'elle embrasse, la passion de l'étude inonda tout à coup son cœur de vivifiants rayons. Tandis que madame Frémont la croyait paisiblement livrée au sommeil, et se réjouissait d'avoir une fille si obéissante et si candide, Jeanne se désaltérait avec avidité à la coupe inépuisable de la science, et s'efforçait de chercher le secret de la vie jusque par delà les limites des connaissances acquises.

On peut juger de la puissance de volonté de la

jeune fille par ce seul fait que jamais sa mère et le rusé Boisfleury n'avaient soupçonné autre chose en elle qu'une petite niaise, au cœur froid et docile, sujette à de légères crises nerveuses qu'il fallait surveiller.

Aux premières ouvertures qui furent faites à Jeanne pour mettre à exécution le plan de captation de Boisfleury, elle sentit gronder dans son cœur les plus violents et les plus légitimes sentiments d'indignation; et il fallut qu'elle employât tout ce qu'elle possédait d'énergie pour ne pas arborer ouvertement l'étendard de la révolte. Mais elle avait heureusement acquis, dans les leçons posthumes de son père, des principes de sagesse et de prudence qui présidaient à tous ses actes. Elle se contenta donc de courber la tête sans répondre, se réservant de prendre ultérieurement les mesures nécessaires pour sauvegarder son honneur et son repos.

Il fut alors décidé qu'on vêtirait la jeune fille d'une

façon originale, afin d'attirer les regards de Machavoine, dont Boisfleury avait eu soin d'étudier les habitudes.

La curiosité de Jeanne était vivement excitée par tout ce que racontait l'homme d'affaires sur la bizarrerie de l'existence du philosophe; elle redoubla d'attention lorsqu'il parla de sa *ridicule manie* de donner chaque jour une pièce de cinq francs aux pauvres, et une vive rougeur colora les joues de la jeune fille, quand Boisfleury prononça dédaigneusement l'épithète caractéristique d'*imbécile!*

— Je le verrai... s'était-elle dit, après de longues heures de méditation; cela n'aliénera en rien l'avenir...

Jeanne avait vu Machavoine, et s'était ensuite prêtée de bonne grâce aux manœuvres grossières de l'homme d'affaires. Mais un indéfinissable sentiment de consternation s'empara d'elle lorsque le philosophe fit murer sa fenêtre... Cependant, devant sa mère et Boisfleury, son visage garda l'expression indifférente qui lui était habituelle.

VIII

Les jours se passaient et Perpétue ne recevait pas de nouvelles de son maître. A la fureur et aux imprécations avait succédé un abattement profond dans son esprit. Semblable à une reine constitutionnelle, resserrée par ses sujets dans d'étroites limites pour abus de pouvoir, elle se creusait vainement la tête à chercher les moyens de ressaisir le sceptre qui lui échappait. En désespoir de cause elle tenta une démarche audacieuse auprès du notaire Châtelard ; mais ce dernier se renferma dans un éloquente réserve, et resta complètement muet sur la question de la fameuse renonciation. Mieux que jamais la vieille gouvernante comprit alors combien sont fragiles les puissances de ce monde, surtout quand elles ne s'appuient que sur la force ou la ruse.

Elle était un matin plongée dans d'amères réflexions suscitées par les évènements extraordinaires qui venaient de troubler son repos, lorsque le tintement de la sonnette la fit tressaillir.

— Si c'était lui ! murmura-t-elle en se hâtant d'aller ouvrir la porte.

Mais elle se trouva en face d'un inconnu dont l'air hardi et commun éveilla aussitôt ses soupçons : Boisfleury produisait invariablement cet effet sur toutes les personnes qui ne le connaissaient pas.

— C'est sans doute à madame Perpétue que j'ai l'honneur de parler! dit-il d'un ton qu'il s'efforça de rendre très-respectueux.

— Oui; qu'est-ce que vous voulez?

— Il s'agit d'une communication importante...

— D'abord, qui êtes-vous? domanda la gouvernante en toisant impertinemment l'homme d'affaires.

— L'ami de madame Frémont; je me nomme Boisfleury...

En entendant parler de madame Frémont, Perpétue dressa l'oreille comme un cheval de dragon qui sent l'odeur de la poudre. Comprenant qu'il s'agissait en effet de choses importantes, elle invita l'homme d'affaires à entrer, et s'assit en face de lui, tout en se promettant intérieurement de déployer ses plus subtiles ressources diplomatiques dans cette entrevue.

— Je sais que M. Machavoine vous accorde toute sa confiance, dit Boisfleury en caressant la vieille du regard, et je suis convaincu que vous en êtes digne...

Dame Perpétue rougit un peu, non de timidité, depuis longtemps, hélas! ce sentiment lui était inconnu, mais son orgueil était froissé par ce compliment maladroit.

— Je pense que vous n'êtes pas venu ici pour me brûler de l'encens sous le nez, répondit-elle du ton hargneux qu'elle prenait habituellement avec ses fournisseurs; si ce que vous avez à me dire vaut la peine d'être entendu, parlez, dans le cas contraire, la porte est ouverte...

— Vous incriminez bien à tort mes intentions, ma chère dame; dès le moment où les compliments vous déplaisent, je me bornerai à vous entretenir d'affaires.

— C'est le bon moyen de vous faire écouter.

— Vous avez sans doute connaissance du testament de Pertuisier?

— Oui.

— Alors vous savez que le bonhomme laisse toute sa fortune à M. Machavoine et à mademoiselle Jeanne Frémont, à la condition expresse qu'ils se marieront ensemble dans le délai d'un an?

— Je sais tout cela.

— Eh bien! je viens vous proposer d'user de votre influence sur votre maître pour le pousser à ce mariage.

— Oui-dà, dit la vieille attentive.

— Vous le voyez, je joue avec vous cartes sur table.

— Du moins vous le dites...

— Comment, vous vous défiez encore de moi?

— Heu !... mais continuez.

— Madame Frémont connaît depuis longtemps l'antipathie de son cousin pour le mariage; c'est ce qui l'a empêchée jusqu'à ce jour de faire une démarche auprès de lui au sujet du testament...

— Ah! ah! dit la vieille gouvernante en hochant la tête; il paraît que les choses du ciel ne prennent pas toute l'affection de la bonne dame...

— Permettez-moi de vous expliquer...

— Allez, allez, quand il s'agit de faire la chasse aux pièces de cent sous, il n'y a pas de fainéants...

— Je puis vous assurer que madame Frémont est mue par le sentiment le plus noble...

— Elle a bien le droit d'avoir de l'ambition, cette femme.

— Vous n'y êtes nullement. Si madame Frémont tient à arracher la fortune du vieux Pertuisier aux mains profanes qui la guettent, c'est pour en faire un chrétien usage... elle se propose de créer un grand établissement de bienfaisance...

— Ah! bah! reprit Perpétue étonnée d'entendre Boisfleury formuler aussi nettement les pieuses convoitises de la dame; c'est pour fonder un couvent que madame Frémont cherche à mettre la main sur cet opulent magot ?

— Je n'ai pas dit cela.

— Alors, expliquez-vous.

— Il s'agit de créer un asile pour servir de refuge aux vieux serviteurs indigents délaissés par leurs maîtres...

— Va-t'en voir s'ils viennent, Jean... chantonna la

vieille en haussant les épaules; après tout qu'est-ce que cela peut me faire?

Boisfleury vit qu'il faisait fausse route et il résolut d'attaquer la position de front.

— En un mot comme en cent, voici ce que je viens vous proposer, dit-il d'un ton ouvert et presque jovial; car je vois qu'avec une commère de votre force il n'y a pas à jouer au plus fin...

— On vous écoute.

— Madame Frémont tient absolument à faire épouser sa fille par Machavoine.

— C'est-à-dire qu'elle est friande des millions du Dijonnais!

— Soit. Et pour atteindre ce but, elle réclame votre

appui. Je vous le répète, on sait que vous faites à peu près ce que vous voulez de votre maître...

— Il y a de bien méchantes langues, reprit amèrement la vieille.

— Mais madame Frémont craint que ce mariage vous cause quelque préjudice, ajouta l'homme d'affaires, et elle m'a chargé de vous offrir une indemnité raisonnable...

Il se tut et chercha à surprendre sur la physionomie impassible de la commère l'effet de ses propositions. Perpétue l'examinait de son côté.

— Avant d'aller plus loin, dit-elle tout à coup, je ne serais pas fâchée de savoir pourquoi vous prenez tant d'intérêt à cette affaire ?

Boisfleury, un instant troublé par cette soudaine attaque, s'efforça de dissimuler son embarras.

— L'ancienne et profonde amitié que j'ai vouée à madame Frémont justifie peut-être la confiance qu'elle m'accorde, répondit-il avec une certaine fierté.

— Allons donc ! je connais l'oiseau à la plume...

— Que voulez-vous dire ?

— Vous êtes de la race des vautours, vous.

— Je vous assure, madame...

— Ta ta ta ! les airs penchés ne vous vont guère, mon gros garçon ; et je vous le répète, tant que je n'aurai pas vu plus clair dans votre jeu, vous ne tirerez rien de Perpétue.

L'homme d'affaires comprit la nécessité de laisser voir le bout de l'oreille pour mener à bonne fin sa négociation.

— Ce secret ne m'appartient point, reprit-il en baissant les yeux.

— Très-bien ! dit la vieille, vous y venez. J'étais sûre que vous finiriez par me dire le fin mot.

— Je puis compter sur une religieuse discrétion ?

— Allez, allez, mon bel ami ; je ne parlerai pas contre mes intérêts.

— Eh bien ! madame Frémont s'effraie à la pensée de se séparer de sa fille...

— Pauvre chatte ! elle a si bon cœur, dit-on...

— Et elle n'est pas éloignée de prêter l'oreille à des propositions qui peuvent tout concilier...

— On ne fera qu'un seul ménage ?

— C'est d'abord cela.

— Ah ! il y a une autre anguille sous roche ?

— Madame Frémont, qui a depuis longtemps apprécié mon dévouement à ses intérêts, et l'affection toute chrétienne que je ressens pour elle, se décidera probablement à quitter le veuvage...

Dame Perpétue regarda Boisfleury avec admiration ; le génie de ce grand homme lui inspirait décidément du respect.

— Oui, oui, je comprends tout maintenant, reprit-elle en branlant la tête d'une façon significative, c'est vous qui avez envie de manger les marrons ; mes compliments sincères, mon cher monsieur...

— Vous n'y êtes pas.

— La preuve que j'y suis, au contraire, c'est que je

ne vous demande plus rien quant aux renseignements.

— Alors vous en savez plus que moi, dit Boisfleury résigné.

— Hypocrite ! et combien m'offrez-vous pour me mettre de votre bord ?

— Croyez que la générosité bien connue de madame Frémont...

— Tu, tu, tu, des faits et non de l'eau bénite de cour.

— Si un billet de mille pouvait vous sourire ?

— N'en parlons plus, répondit fièrement la gouvernante en se levant ; vous vous jouez de ma simplicité, monsieur...

— Là, là ! quelle nature de bronze ; faites votre prix, nous verrons ensuite.

— Je veux une pension qui puisse me permettre de vivre honnêtement le reste de mes jours; car vous savez très-bien que ce mariage me mettra sur le pavé.

— Une pension ! reprit l'homme d'affaires en faisant la moue, je ne suis pas autorisé à traiter ainsi.

— Alors, donnez-moi vingt mille francs.

— Vingt mille francs ! s'écria Boisfleury sérieusement effrayé d'une telle exigence; vous n'y pensez pas, ma bonne femme.

— Vous croyez? Soyez cependant bien sûr que la bonne femme ne se laissera pas rouler par un courtaud de séminaire, dit aigrement Perpétue, et puisque vous voulez la bataille, j'en suis...

Boisfleury vit bien que le gâteau destiné à apprivoiser ce rude cerbère femelle ne serait pas aussi léger qu'il l'avait d'abord cru, et il fit peu à peu des concessions. L'entrevue se prolongea longtemps encore, et après une nouvelle et assez vive discussion les deux dignes personnages se séparèrent en apparence contents l'un de l'autre.

Pendant la durée de ce long entretien, dame Perpétue avait célé avec soin le revirement subit qui s'était opéré dans l'esprit de son maître, afin de ne pas annihiler son influence. Obligée néanmoins d'expliquer le voyage de Machavoine, la commère glissa rapidement sur ce sujet et se borna à parler d'un caprice d'original. De son côté, l'homme d'affaires garda une prudente réserve à l'égard de Jeanne, dont la vieille ne lui disait rien; et il pensa que le silence du philosophe n'était pas d'un trop fâcheux augure pour le succès de l'affaire.

IX

Six semaines s'étaient écoulées depuis le départ de Machavoine. Boisfleury et Perpétue avaient fait, sans aucun résultat, une foule de démarches pour retrouver ses traces. Madame Frémont, un instant excitée par l'entreprise chimérique sortie de la complaisante imagination de l'homme d'affaires, retombait dans la monotonie de sa vie de dévote. Mais, semblable à un navigateur sur le point de toucher au port après un pénible voyage, qui serait tout à coup jeté par un ouragan sur des récifs périlleux, Jeanne usait son énergie à lutter contre l'abattement inexprimable qui s'était emparé de son cœur après la disparition du philosophe. Tant qu'il connaît la force et la nature de ses adversaires, le soldat lutte énergiquement; mais lorsqu'il n'a plus que l'inconnu et le mystérieux devant lui, il se laisse facilement abattre par les fantômes de son imagination. La jeune fille avait d'abord accepté avec enthousiasme la grande bataille de la vie, car ses succès devaient tourner au profit de nobles principes; maintenant ces fécondes excitations étaient remplacées par le mépris instinctif que lui inspirait Boisfleury, la tendre pitié qu'elle ressentait pour sa mère, et cette crainte superstieuse de l'avenir qui s'empare des plus solides esprits après une catastrophe imprévue.

En désespoir de cause, dame Perpétue se disposait un matin à écrire au notaire de Dijon, afin de savoir s'il avait entendu parler de son maître, quand elle vit un cabriolet s'arrêter au milieu de la chaussée. Deux hommes très-élégamment vêtus en descendirent et se dirigèrent vers la maison, suivis d'un groom d'environ quinze ans, à mine de furet, qui portait leurs pardessus. Lorsqu'ils furent arrivés à quatre pas de la vieille, l'un d'eux incrusta son lorgnon dans la cavité de son œil droit, releva la tête comme s'il eût voulu inspecter les nuages et dit, de l'air souverainement impertinent remis en honneur par les protecteurs *ruolzés* de nos tristes Aspasies :

— Et bien! bonne femme, est-ce ainsi que l'on reçoit son maître?

— Comment, c'est monsieur... bégaya la vieille gouvernante, presque pétrifiée à la vue du grotesque personnage qui avait pris la voix du philosophe.

Machavoine était en effet méconnaissable. Ses longs favoris lisses, sa moustache en croc, sa raie à la Belphégor et le redoutable carcan de toile qui lui emprisonnait le cou le faisaient ressembler exactement à l'un de ces magots de cire mis à la porte des magasins de vêtements confectionnés pour servir d'enseigne. Avec un peu plus de morgue sur les traits et de creuse niaiserie dans le regard, son compagnon était un autre numéro de l'édition de sottise tirée chaque année à quinze mille exemplaires dans la capitale intellectuelle des deux mondes.

— John! reprit Machavoine d'une voix sifflante en désignant dame Perpétue, tu vois cette grosse commère à la trogne de betterave apoplectique?

— Oui, monsieur.

Je te confère le droit de haute et basse justice sur ses actes... Il faut qu'elle devienne rapidement digne de servir un viveur, ou sinon, tu me comprends...

— Monsieur sera satisfait, répondit le drôle en jetant un regard scélérat du côté de la vieille.

Cette dernière étouffait de rage et d'impuissance.

Depuis le jour néfaste où feu le « pauvre François, » son débonnaire époux, lui avait cassé sa canne d'épine sur les épaules en expiation de ses frasques conjugales, elle n'avait ressenti un telle colère.

— Jour de Dieu ! s'écria-t-elle enfin les yeux incandescents et l'écume aux lèvres, j'aimerais mieux être écorchée vivante que d'obéir à cet affreux galopin !

— Là là, du calme, maman Bougon, répondit John avec une aimable familiarité, on aura des égards pour votre âge...

Trop au-dessus de ces misérables intérêts pour descendre à les discuter, l'illustre Machavoine passa outre et entra chez lui, suivi de son inséparable ami Léonidas Fourneau.

Eu égard à la façon bizarre dont le philosophe avait

rencontré Léonidas, un fataliste n'eût pas manqué de dire que cette rencontre avait été ménagée par la providence pour sauver Machavoine des excès du désespoir.

Deux jours après son départ d'Auteuil, le philosophe se promenait sur la falaise la plus escarpée des environs de Trouville, accablé par la passion terrible qui, semblable au vautour de Prométhée, lui déchirait incessamment le cœur, lorsqu'il se trouva tout à coup devant un élégant touriste pilotant deux dames à toquet. En ce moment le sage d'Auteuil envisageait le suicide comme le seul moyen logique de se soustraire au souvenir de la jeune fille à la plume verte.

Malgré l'habit de quaker de l'étrange promeneur et ses traits décomposés par la souffrance, Léonidas reconnut facilement en lui son ancien condisciple Machavoine. Depuis longtemps il entendait parler de l'originalité du philosophe, et surtout de son inexplicable antipathie pour les femmes; aussi, après les saluts d'usage, s'empressa-t-il de lui glisser sous le bras la main de sa plus fine pseudo-Magyare. Machavoine, pourpre de honte, essaya de regimber; mais, avec le tact subtil qui distingue les jolies chasseresses de la grande forêt parisienne, mademoiselle Euphrosine devina tout d'abord le mérite intrinsèque de ce précieux gibier, et elle tint bon.

Deux heures plus tard on rentrait à Trouville. Le philosophe n'était pas encore gai, mais il soupirait moins et daignait même parfois donner à sa compagne de brèves explications sur les formations géologiques de la côte... On se mit à table, la chère était délicate, les vins authentiques et l'appétit des convives suffisamment excité. Machavoine ne mangea d'abord que pour répondre aux impérieuses exigences de son estomac, il but ensuite pour faciliter la digestion; et comme il est généralement d'usage, dans tous les mondes possibles, de répondre poliment aux gens qui disent des choses aimables, il envoya quelques compliments peu philosophiques à l'adresse de ces dames.

Le dessert vint tard. Comme la fameuse boîte de Pandore, il recélait, hélas! sous son apparence doucereuse, la source de toutes les turpitudes, et le dernier flacon était encore intact que déjà l'austère philosophe, reniant ses principes, avait effleuré plusieurs fois d'une main profane la rutilante chevelure d'Euphrosine...

Le lendemain Machavoine, honteux et confus, jura néanmoins à la fin du déjeuner qu'on l'y reprendrait souvent, et il tint parole. Patronné par Léonidas Fourneau, à qui il avait bourgeoisement raconté ses petites affaires, il revint bientôt à Paris. Sa première visite fut pour le notaire Châtelard, et la seconde pour le tailleur de son mentor. Il loua ensuite un appartement meublé rue Douot, et fut bientôt aussi niaisement ridicule que les plus glorieux inutiles du boulevard.

Le besoin d'argent augmente presque toujours en raison inverse de la pratique des principes philosophiques. Machavoine, limité par les bornes d'une conscience paisible, trouvait naguère, avec sept mille livres de rente, le moyen de donner cinq francs chaque jour aux malheureux, tout en vivant dans un milieu relatif de bien-être. Machavoine, lancé à grandes guides dans la voie dévorante de la débauche, engloutit trente mille francs en six semaines, sans obliger personne, et surtout sans pouvoir satisfaire la plus faible partie de ses dévorantes aspirations.

D'après les conseils de Léonidas, basés sur une longue expérience, le philosophe revenait, fort de ses glorieux succès dans les salons interlopes du quartier Saint-Georges, pour attaquer et vaincre la petite innocente qui avait eu l'imprudence de le provoquer.

— Une fois cette rapide conquête accomplie, avait ajouté le logique Léonidas, vous prendrez les mesures nécessaires pour recueillir la succession du bonhomme Pertuisier, et vous n'aurez plus qu'à ouvrir les bras pour étreindre le plaisir qui viendra à vous de tous côtés...

Malgré l'influence délétère de la fange dorée dans laquelle il se vautrait depuis quelques jours, Machavoine avait senti son front se couvrir de rougeur en entendant profaner aussi effrontément son amour; mais, entraîné sur la pente glissante du vice, il ne se sentait plus assez d'énergie pour se raidir contre le danger.

Lorsque les deux amis eurent pénétré dans le modeste salon de Machavoine, Léonidas Fourneau jeta un regard de dédain autour de lui, et dit du bout des lèvres en se jetant dans un fauteuil :

— Ah ! çà, cher, comment avez-vous pu habiter pendant tant de siècles une telle bicoque ?

— C'est ce que je me demande depuis un instant,

répondit le philosophe, véritablement honteux de posséder des meubles si prosaïquement bourgeois.

— A votre place, savez-vous ce que je ferais, mon très-bon ?

— Que feriez-vous ?

— Je mettrais immédiatement en vente le contenant et le contenu, sans oublier la vieille sorcière qui nous a si gracieusement accueillis...

— Vous avez peut-être raison...

— Et je ferais ensuite l'acquisition de quelque coquette villa du côté de l'avenue de l'Impératrice.

— J'y songerai, répondit Machavoine en jetant un regard profond vers le balcon où il avait aperçu la jeune fille la veille de son départ.

— En attendant je vous laisse à vos amours,

ajouta le dernier des Fourneau; car on respire en ce lieu une odeur de tapisserie vermoulue qui prend à la gorge. Demain vous me direz ce qui s'est passé; adieu, cher bon !...

Léonidas jeta en sortant un regard railleur à Perpétue, occupée, sous la direction de John, à nettoyer le vestibule, et disparut bientôt emporté par son fougueux alezan.

Aussitôt après le départ de son ami, Machavoine s'élança à la fenêtre et explora avidement la maison mystérieuse. Il ne vit que des rideaux exactement fermés et une demi-douzaine de moineaux picorant sur le balcon. Il sortit alors et alla se placer au-dessous de la fenêtre qu'il avait fait murer. Tout était également silencieux de ce côté, il était évident que les appartements où il avait aperçu la jeune fille inconnue n'étaient plus habités depuis quelque temps.

Le philosophe resta nn moment accablé sous le

poids d'une profonde douleur; son air railleur et sceptique fit place à un découragement peu glorieux pour les remèdes moraux de Léonidas, il laissa même échapper quelques larmes brûlantes arrachées par le souvenir de ses apostasies. Mais la réaction fut prompte et énergique.

. . . .

— Eh quoi! se dit-il en relevant superbement le coin de sa moustache, j'ai été assez sot pour passer la première moitié de ma vie à fuir le plaisir, et j'emploierais le reste de mes jours à le regretter sans presque l'avoir connu... A d'autres plus naïfs l'inflexible tyrannie de la raison, et à moi la joyeuse existence préconisée par Léonidas.

Machavoine sortit de chez lui et alla prendre des renseignements dans les deux maisons aux fenêtres desquelles il avait aperçu la mystérieuse jeune fille. On ne put rien lui dire, sinon que des étrangers avaient loué des appartements au jour six semaines auparavant, et qu'ils n'avaient plus reparu. Il rentra désespéré. Durant toute la nuit il se répandit en imprécations contre le sort et jura plus de vingt fois qu'il se tuerait s'il ne retrouvait bientôt son inconnue.

La prudente Perpétue, mettant un frein à sa colère, déploya en cette grave circonstance l'habileté d'un vieux chef de lansquenets; car elle voulait à tout prix rester dans la maison. Elle s'abaissa donc héroïquement à exécuter les ordres de John, afin d'obtenir de lui, par la ruse, les renseignements qu'elle n'osait plus demander à son maître. Deux heures après le retour de Machavoine, elle avait prévenu Boisfleury par le télégraphe...

X

Le lendemain Machavoine se disposait à monter dans un cabriolet de louage pour se rendre auprès de Léonidas, lorsqu'il fut ébloui par l'apparition soudaine de la jeune fille inconnue accompagnée de la dame voilée. Sa toilette était très-modeste et ses traits exprimaient la souffrance. Dans le regard qu'elle jeta sur le philosophe il y avait tout à la fois de la bonté et de l'amertume. Elle passa lentement devant lui en se dirigeant vers le bois de Boulogne.

Machavoine, un instant pétrifié par cette rencontre inattendue, reprit bientôt un peu de sang-froid ; il ordonna à John de le suivre avec le cabriolet et se mit à la piste des deux dames. Ces dernières entrèrent dans le bois, se dirigèrent vers la rivière, et après une assez longue promenade montèrent dans un fiacre qui les ramena à Paris. Le philosophe les suivit jusqu'à la rue de Lille et se présenta bientôt chez le concierge de la maison dans laquelle elles venaient de pénétrer.

— Veuillez me dire le nom de la jeune personne qui vient d'entrer ici ? demanda-t-il en légitimant sa curiosité par le don d'une pièce de dix francs.

— C'est mademoiselle Jeanne Frémont.

— Mademoiselle Jeanne Frémont ! s'écria Machavoine ébahi.

— Avec madame Frémont, sa mère, ajouta mielleusement le concierge; une bien brave dame qui ne passe jamais un jour sans aller à la messe...

— Ma cousine... c'est ma cousine, murmura le philosophe, qui s'était hâté de sortir pour cacher son agitation... Oui, oui; je me souviens en effet qu'elle demeure rue de Lille...

Machavoine bondit plutôt qu'il ne marcha jusqu'à son cabriolet. Il brûlait de communiquer la découverte inattendue qu'il venait de faire à Léonidas,

— C'est très-adroit de la part de cette petite, répondit l'ami après avoir entendu le verbiage désordonné du philosophe; vous aurez là une maîtresse femme, mon bon, mais gare au marivaudage...

— Monsieur! s'écria Machavoine exaspéré.

— Là, là, calmez-vous; ce sera une Lucrèce si vous y tenez...

— Vous ne comprenez donc pas le mal que vous me faites...

— Quelle robuste candeur...

— Mais je l'aime de toutes les forces de mon âme...

— D'accord ; c'est toujours ainsi durant la première période, on encense l'idole immaculée... Cependant convenez, mon bon, que les procédés... romanesques, employés pour vous amener à composition ne manquent pas de piquant ?

Les apparences donnaient cette fois raison à Léonidas. Ces rencontres si habilement préparées démontraient en effet que les dames Frémont savaient au besoin sacrifier leur dignité à leur intérêt. Machavoine le comprit trop ; car cette amère pensée déchira pendant plusieurs jours son cœur avec une douloureuse persistance. Il chercha à l'étouffer dans un redoublement de folies. Mais, semblable à un insensé qui essaierait d'éteindre la flamme d'un incendie en lui fournissant des aliments, le philosophe ne faisait qu'augmenter la puissance de son amour dans ces stupides saturnales. L'égoïsme de la passion finit par anéantir en lui toute susceptibilité, et il n'eut bientôt plus qu'un but : devenir le mari de Jeanne...

La philosophie, cette timide élève de la raison, avait été chassée par l'altier amour, premier ministre de la nature. L'homme arrivé à ce degré de surexcitation ne pense plus, il agit, dût le ciel s'écrouler sur sa tête.

Machavoine fit une toilette solennelle et ordonna à son cocher de le conduire rue de Lille. Depuis plusieurs jours madame Frémont et le fidèle Boisfleury l'attendaient, car ils étaient au courant de toutes ses actions. Aux premières ouvertures relatives à sa fille, la dévote devint si gracieuse et si aimable que son pieux ami étonné se demanda, en examinant sa phy-

14.

sionomie juvénile, si elle était bien réellement la mère de Jeanne.

— Nulle proposition ne pouvait m'être aussi agréable, mon cher cousin, répondit-elle au visiteur ; soyez sûr que, de son côté, ma fille sera heureuse de m'obéir...

Après avoir débité les banalités d'usage en pareil cas, Machavoine, qui avait été invité à dîner pour le lendemain, prit congé de madame Frémont en emportant la douce espérance d'être bientôt l'heureux mari de Jeanne.

Lorsqu'il eut quitté le salon, Boisfleury vint presser tendrement les mains de la dévote.

— Réjouissez-vous, chère et excellente amie, lui dit-il d'un ton ému, le ciel daigne enfin exaucer mes ferventes prières, dans peu de temps votre nom, entouré d'une chrétienne auréole, resplendira glorieusement parmi ceux des plus célèbres fondatrices d'œuvres pieuses.

. . . .

Un nuage passa sur les traits de madame Frémont.

— Et si mon cousin s'avisait de prendre la direction de ses affaires ? reprit-elle d'un ton inquiet.

— Rassurez-vous, M. Machavoine est souple comme l'argile, on peut lui imprimer toutes les formes.

— Depuis quelque temps il a contracté des habitudes qui lui ont peut-être donné le goût du luxe ?

— C'est-à-dire qu'il a simplement cherché à s'étourdir ; mais sa nature apathique reprendra bientôt le dessus.

— Cependant...

— Je réponds de lui, dit l'homme d'affaires en souriant.

La conversation devint plus confidentielle encore, et après avoir de nouveau passé en revue la fameuse fondation de Boisfleury, on appela Jeanne pour l'informer de la demande de Machavoine.

— Approchez, ma fille, lui dit madame Frémont en prenant le ton guindé d'une abbesse qui parle à des novices ; les grands projets que je prépare depuis longtemps pour assurer votre avenir se réalisent, et ma sollicitude maternelle va enfin recevoir sa récompense.

— Puis-je savoir de quoi il s'agit ? demanda respectueusement la jeune fille.

— Notre cousin, M. Machavoine, vient de me demander votre main.

Un vif incarnat courut sur les joues un peu pâles de Jeanne, mais elle s'efforça de comprimer son émotion.

— M. Machavoine a droit à toute ma reconnaissance pour l'honneur qu'il veut bien me faire, dit-elle ; seulement...

— Seulement ? reprit la dévote avec hauteur.

— Seulement, je vous prie, ma mère, de ne pas répondre à cette demande avant de m'avoir accordé une faveur...

Madame Frémont, ébahie, regarda Boisfleury, qui tendait le cou et prêtait l'oreille comme le cerf flairant une meute.

— Je suis curieuse de savoir ce que vous voulez, reprit la dévote menaçant sa fille du regard.

— Je désire avoir un entretien de quelques instants avec M. Machavoine.

— Ce sera chose facile, M. Machavoine doit dîner ici demain.

— Mais je voudrais que cet entretien eût lieu sans témoins, ajouta Jeanne en baissant les yeux.

La foudre tombant aux pieds de madame Frémont l'eût probablement moins stupéfiée que l'exorbitante prétention de sa fille. Elle se leva, pâle de colère, et lui dit, en désignant la porte :

— Sortez !

— Oh ! ma mère ! s'écria Jeanne baignée de larmes.

— Sortez, vous dis-je; je le veux.

La jeune fille courba douloureusement la tête et s'achemina en silence vers la porte; mais au moment de franchir le seuil, elle se releva tout à coup comme l'innocent bondissant sous une imputation calomnieuse et dit, en jetant un regard impérieux à Boisfleury :

— Ce n'est pas seulement mon bonheur qui dépend

de cet entretien, c'est aussi le vôtre, ma mère ; permettez-moi donc d'espérer que demain vous ne refuserez plus d'exaucer ma prière...

. . . .

Elle sortit ensuite, calme et digne, laissant madame Frémont et l'homme d'affaires stupéfaits de son audace. . . . .

. . . .

— Qui se serait attendu à cela ! s'écria la dévote après son départ.

— Les petites crises nerveuses de mademoiselle Jeanne m'ont toujours été suspectes, dit Boisfleury en branlant la tête.

— Je châtierai d'une façon exemplaire sa rébellion.

— Mauvais moyen pour atteindre notre but, chère dame.

— Que voulez-vous dire ?

— La jeune personne ne voit pas son cousin avec

indifférence, soyez-en sûre; seulement elle veut savoir à quoi s'en tenir sur ses sentiments.

— L'impudente !

— Cet entêtement est regrettable, je l'avoue, reprit l'homme d'affaires avec componction, mais il souffle aujourd'hui, de tous les coins du monde, un vent de libéralisme et d'indépendance qui empoisonne l'atmosphère des plus saintes demeures; mademoiselle Jeanne subit, à son insu, l'influence délétère des pernicieuses doctrines du siècle.

Cette tirade boursouflée calma la dévote, et le lendemain Jeanne resta, pendant plus d'une heure, seule au salon avec son cousin. Cette entrevue contenta tout le monde, car l'union des jeunes gens fut résolue le soir même.

Durant le mois qui précéda son mariage, Machavoine put voir sa fiancée en toute liberté. Le philosophe avait rompu avec ses habitudes de désordre, mais il paraissait maintenant décidé à mener la vie opulente; aussi le temps qu'il ne consacrait pas à sa cousine était-il exclusivement employé à former des projets dorés pour l'avenir.

XI

Machavoine était le mari de Jeanne. Une lettre de faire part avait été provisoirement adressée au notaire Croulebarbe, en attendant qu'on lui remît les pièces nécessaires pour entrer en possession de l'héritage.

D'après les conseils de Boisfleury, on avait simplement constaté dans le contrat que les époux se mariaient sous le régime de la communauté.

Le lendemain du mariage, madame Frémont et Boisfleury arrivèrent à deux heures à Auteuil, où Jeanne et Machavoine les attendaient. Il avait été convenu la veille qu'on arrêterait dans cette entrevue les mesures à prendre pour recueillir le plus tôt possible la succession.

Des sentiments bien différents animaient les acteurs de la petite comédie sociale qui allait se jouer. Madame Frémont, entièrement absorbée par l'ambition de se faire un nom célèbre parmi les milices auxiliaires de la sainte armée orthodoxe, ne songeait en réalité qu'à mener cette pieuse entreprise à bonne fin, et ne croyait pas payer trop cher ses succès par le sacrifice de sa liberté. En fieffé renard qu'il était, Boisfleury précipitait l'arrivée de l'heureux instant où il pourrait, en qualité de mari de madame Frémont, glisser à peu près légalement sa patte crochue dans l'opulent poulailler du bonhomme Pertuisier. L'illustre Machavoine, le sévère philosophe, l'ami de l'humanité, le contempteur des prêtres de Plutus, ne songeait plus, hélas!

il faut bien l'avouer, qu'à réunir le plus d'argent possible pour satisfaire au goût effréné de luxe qui semblait s'être tout à coup emparé de lui. Loin de reprendre ses habitudes philosophiques, il malmenait d'une façon tout à fait brutale les malheureux qui avaient la mauvaise idée d'invoquer son ancienne générosité, car sa bourse ne suffisait plus à ses besoins. Cependant une grande transformation s'était opérée dans sa physionomie depuis la veille ; à la sottise et à la morgue qu'il s'efforçait naguère d'emprunter à Léonidas Fourneau avait succédé une ineffable expression de bonheur. Il reçut madame Frémont et Boisfleury comme un homme heureux reçoit les auteurs de sa félicité. Mais les deux personnages gardèrent, en cette grave circonstance, la raideur solennelle derrière laquelle s'abritent les esprits étroits...

Jeanne accourut avec empressement pour embrasser sa mère. Les roses de la pudeur coloraient son visage, et ses grands yeux humides, timidement baissés vers la terre, se tournèrent vers le trop heureux

Machavoine avec une tendresse infinie. La jeune femme fit les honneurs du modeste salon, où rien n'avait encore été changé, comme une personne habituée depuis longtemps à son entourage. Madame Frémont et Boisfleury furent visiblement troublés d'une réception à laquelle ils étaient loin de s'attendre. Ils croyaient traiter ces deux candides époux comme un pion traite ses élèves, et ils se trouvaient tout à coup en face d'une hostilité bien autrement redoutable que la mutinerie, l'hostilité de la politesse et du respect. La dévote, honteuse de subir un tel ascendant, interrompit brusquement la conversation.

— Nous sommes venus pour examiner des choses sérieuses, dit-elle, et nous ne nous entretenons que de futilités.

— Parlez, madame, nous vous écoutons respectueusement, répondit Machavoine avec déférence.

— Les graves intérêts que nous avons à surveiller

exigent l'intervention d'un homme expert, reprit la dévote en interrogeant le philosophe du regard.

— C'est vrai, dit ce dernier.

— Eh bien ! pour mener à bon port la grande entreprise chrétienne que je prépare, je me déciderai, quoique à regret, à faire un sacrifice nécessité par les circonstances...

Boisfleury, sur qui les yeux de Jeanne se fixèrent aussitôt, inclina modestement la tête.

— Vous irez tous deux demain chez le notaire pour y faire une procuration dans laquelle vous déléguerez vos pouvoirs à M. Boisfleury, afin qu'il puisse se rendre immédiatement à Dijon, ajouta Madame Frémont en essayant de dominer le regard de Machavoine.

— Soyez sûre, madame, que je déploierai dans cette

affaire toutes les ressources de ma longue et prudente expérience, répondit le pieux ami.

— Je vous remercie avec effusion de vos offres bienveillantes, dit Jeanne en s'inclinant; mais je crois qu'il est temps d'établir nettement nos positions respectives.

— Nos positions respectives... répéta lentement la dévote, dont les regards étincelèrent.

— Ma mère, je vous supplie de ne voir dans mes paroles que l'ardent désir de vous prouver mon affection, dit la jeune femme avec douceur; nous avons été trop longtemps séparées par une barrière de glace, que j'ai vainement essayé de rompre, puissé-je être plus heureuse aujourd'hui!

— A quoi ce beau préambule va-t-il nous conduire, ma mie?

— A une déclaration que vous trouverez certainement aussi raisonnable que légitime; mon mari désire s'occuper lui-même de nos affaires.

— Je l'ai bien toujours entendu ainsi, ajouta Machavoine en pressant tendrement la main de sa femme.

— Quoi, fille rebelle et impie! s'écria madame Frémont en fureur, à peine échappée du giron maternel, vous osez méconnaître ma voix?

— Je vous aime et je vous respecte profondément, ma mère, mais il est de mon devoir de vous éclairer...

— De m'éclairer... reprit la dévote frémissante en s'adressant à Boisfleury; vous l'entendez, monsieur... et c'est une fille chrétiennement élevée qui ose parler ainsi à sa mère... Où allons-nous, juste ciel!

Les oreilles de l'homme d'affaires étaient en ce moment plus rouges que celles de ce bon M. Tartuffe lorsqu'il écartait béatement les bras pour embrasser Elmire. Machavoine commençait, de son côté, à croire que Jeanne pourrait bien avoir plus tard une certaine autorité dans le ménage.

— Si vous voulez m'accorder quelques minutes, vous serez bientôt édifiée sur nos projets, dit la jeune femme à sa mère; nous vous promettons de les abandonner s'ils vous blessent...

— Je suis vraiment curieuse de savoir jusqu'où ira votre impudence, répondit madame Frémont.

Jeanne prit la main de Machavoine.

— Vous me pardonnerez, mon ami, si je me suis trompée en vous jugeant, lui dit-elle.

— Chère Jeanne! je n'ai qu'une seule ambition, c'est de vous plaire.

— Merci!

La jeune femme se tourna ensuite vers madame Frémont et Boisfleury qui se jetaient des regards inquiets.

— Je ne dois pas vous cacher, ma mère, que ma délicatesse fut vivement froissée le jour où vous m'ordonnâtes de chercher à attirer l'attention de mon cousin, dit-elle; et si des considérations élevées n'avaient dirigé mes actions, j'aurais pu déjà vous causer la douleur de me montrer rebelle.

— Je ne sais si je rêve... murmura la dévote.

— Pardonnez-moi la hardiesse de mes paroles, mais mes intentions sont pures, croyez-le. Un danger imminent, terrible, et surtout irrémédiable planait sur vous, ma mère, et menaçait également mon avenir...

— De quel danger parlez-vous? demanda madame Frémont troublée.

— J'avais entendu parler du caractère de M. Machavoine, continua Jeanne, et, je puis l'avouer maintenant, ses idées généreuses faisaient en secret l'objet de mon admiration... Tandis que chacun s'efforçait de le ridiculiser, je sentais au contraire redoubler mon estime pour lui. Je désirai d'abord le voir, et je voulus ensuite m'assurer de la nature réelle de ses sentiments. Ces épreuves décidèrent du sort de ma vie. De passagers égarements, causés par un trouble qui fait mon orgueil, n'ont altéré en rien la pureté de son cœur, et plus que jamais il est digne de l'estime et de l'amour d'une honnête femme.

Machavoine, les yeux humides et l'âme ravie, pressa avec force la main de Jeanne, pendant que Boisfleury se demandait avec inquiétude s'il ne serait pas plus tranquille sur le boulevard des Italiens qu'auprès de cette petite vipère.

— Vous étiez mue par la charitable pensée de faire servir les biens de notre vieux parent à secourir les malheureux, reprit Jeanne en s'adressant à madame Frémont, le but est noble et mérite assurément tout notre respect, mais vous vous trompiez de route pour l'atteindre; nous le poursuivrons ensemble avec plus de bonheur...

— Expliquez-vous donc? demanda madame Frémont attentive et émue.

— Vous possédez une ferme presque sans rapport dans le triste village de Trabou. Là des centaines de malheureux, abrutis par la misère et l'ignorance, disputent sans cesse aux exhalaisons pestilentielles de la plaine quelques jours destinés seulement à prolonger leur supplice... Eh bien! c'est ce lieu d'horreur et de désespoir que nous travaillerons à convertir en riant séjour. Nous creuserons des canaux pour dessécher les marais, nous retournerons la terre pour l'obliger à payer son tribut, nous transformerons les hideuses cabanes en confortables maisons, nous combattrons sans relâche les maladies du corps par l'abondance, et celles de l'esprit par la lumière ; et, animés de la sainte ardeur philanthropique qui sera la grande gloire de ce siècle, nous ferons jaillir le bonheur et la liberté d'un sol aujourd'hui flétri par l'esclavage de la faim...

Jeanne n'avait pas achevé ces paroles que Machavoine et madame Frémont se jetaient dans ses bras.

— Mais où as-tu appris tout cela, chère enfant? murmurait la dévote en couvrant la tête de sa fille de baisers ; car la réaction était énergique.

— Là, répondit Jeanne en montrant la clef de la bibliothèque...

— Ah ! tu as lu ces livres impies?

— J'ai suivi les enseignements de mon père ; c'était un grand cœur !

— Il ne fréquentait pas les sacrements.

— C'est que Dieu daignait venir jusqu'à lui.

Boisfleury eut en ce moment la malheureuse idée de rompre la réserve que la prudence lui commandait.

— Je partage avec enthousiasme les idées de madame Machavoine, dit-il gracieusement, et je mets à sa disposition mes faibles connaissances...

— Vous? dit Jeanne en le fixant.

— Madame votre mère a sans doute dû vous dire...

— Arrêtez, monsieur, et puisque vous avez l'audace de continuer votre odieux rôle, vous allez être démasqué...

La jeune femme tira de son sein une lettre que Machavoine avait achetée par ses ordres, dans laquelle Boisfleury disait à une dame à toquet, qu'il préparait son mariage avec une *dévote bornée*, et que bientôt la voiture promise depuis si longtemps ne serait plus une chimère...

Après avoir parcouru cette lettre, la rougeur au front, madame Frémont la présenta à Boisfleury. L'homme d'affaires disparut aussitôt, et nul ne sait ce qu'il est devenu.

Perpétue, lésée dans ses vaniteuses espérances, reçoit néanmoins une petite pension de son ancien maître. Madame Frémont prie moins des lèvres et beaucoup plus du cœur; et, chose étonnante, elle croit être au moins aussi bonne chrétienne qu'auparavant. Machavoine a abandonné les principes absolus, ce qui ne gâte rien à sa philosophie. Quant à Jeanne, c'est tout à la fois l'ange et la reine des pauvres campagnards.

Dans cinq ans Trabou sera peut-être le plus beau village de l'Europe.

FIN

Sceaux. — Imprimerie de E. Dépée.

A. CADOT ET DEGORCE

ÉDITEURS

37, RUE SERPENTE, 37,

PARIS

COLLECTION

FORMAT GRAND IN-18

A TROIS FRANCS LE VOLUME.

Envoi franco.

MADAME RATTAZZI

(MARIE DE SOLMS)

Le Piége aux Maris, avec gravure (Inédit) . . . . 1 vol.

Les Débuts de la Forgeronne, avec gravure (Inédit.) 1 vol.

La Mexicaine, avec gravure (Inédit) . . . . 1 vol.

MÉRY

La Prima Dona, précédé du *Bonheur des Grands Artistes*, avec gravure (Inédit) . . . . 1 vol.

A. DE GONDRECOURT

Le Sergent la Violette, avec gravure. . . . . . 1 vol.
Le Secret d'une Veuve, avec gravure . . . . 1 vol.
Les Jaloux, avec gravure . . . . 1 vol.
Le Général Chardin, avec gravure . . . . 1 vol.

ERNEST CAPENDU

L'Hotel de Niorres, avec gravures. . . . . 3 vol.
Une Reine d'Amour, avec gravure. . . . . 1 vol.
Le Mat de Fortune, avec gravure. . . . . 1 vol.
Pour un Baiser, avec gravure. . . . . 1 vol.
Les Coups d'Épingle. . . . . 1 vol.
Marcof le Malouin. . . . . 1 vol.
Le Marquis de Loc-Ronan. . . . . 1 vol.
Surcouf. . . . . 1 vol.
Les Rascals. . . . . 2 vol.
Le Capitaine Lachesnaye. . . . . 1 vol.
Les Secrets de Maître Eudes. . . . . 1 vol.
Le Baron de Grandair. . . . . 1 vol.
Les Grottes d'Etretat. . . . . 1 vol.

GUSTAVE AIMARD

Une Vendetta Mexicaine, avec gravure . . . . . 1 vol.
Le Lion du Désert, avec gravure . . . . 1 vol.
Les Fils de la Tortue, *deuxième édition*, avec gravure . . . . 1 vol.
L'Araucan, *deuxième édition*, avec gravure. . . . 1 vol.

ALBERT BLANQUET

Le Parc aux Cerfs, avec gravure. . . . . 1 vol.

MARQUIS DE FOUDRAS

L'Abbé Tayaut, avec gravure . . . . 1 vol.
Saint-Jean Bouche d'Or, avec gravure. . . . . . . 1 vol.
Les Misères dorées, avec gravure. . . . . 1 vol.
Une Vie aventureuse, avec gravure. . . . . 1 vol.
Un Caprice royal, avec gravure. . . . . 1 vol.
Le Père la Trompette, avec gravure. . . . . . . 1 vol.
Suzanne d'Estouville, avec gravure. . . . . . . 2 vol.
La Vénerie contemporaine.
Première série : Veneurs, Chevaux et Chiens. . 1 vol.
Deuxième série : Les Passionnés et les Excentriques. . . . . 1 vol.
Troisième série : Histoires bizarres, Pochades. . 1 vol.
Un Amour de Vieillard. . . . . 1 vol.
Tristan de Beauregard . . . . 1 vol.
Les Veillées de Saint-Hubert. . . . . 2 vol.
Les deux Couronnes. . . . . 1 vol.

HENRY DE KOCK

Folies de Jeunesse, avec gravure (Inédit). . . . . 1 vol.
Les Treize Nuits de Jane, *quatrième édition*, avec gravure. . . . . 1 vol.
Les Hommes volants, avec six gravures. . . . . . . 1 vol.

VICTOR THIÉRY

Ministre et Paysan, avec gravure. . . . . 1 vol.

LUC CHARDALL

Geneviève la Rouge, avec gravure. . . . . 1 vol.

PAUL DE KOCK

Les Compagnons de la Truffe. . . . . 2 vol.
La Famille Braillard. . . . . 2 vol.
La Demoiselle du cinquième. . . . . 2 vol.
La Bouquetière du Chateau-d'Eau. . . . . 2 vol.
Madame de Montflanquin. . . . . 2 vol.
Le Millionnaire. . . . . 2 vol.
Paul et son Chien. . . . . 4 vol.
Les Étuvistes. . . . . 4 vol.
Monsieur Choublanc. . . . . 1 vol.
Un Monsieur très-tourmenté. . . . . 1 vol.

Sceaux. — Typographie de E. Dépée.

JULES BOULABERT.

Les Catacombes sous la Terreur. . . 2 vol.
Le Fils du Supplicié. . . . . 2 vol.

HENRY DE KOCK.

L'Auberge des Treize Pendus. . . . . 2 vol.
L'amant de Lucette. . . . . 1 vol.
La Tigresse . . . . 1 vol.
Les Mystères du village. . . . . 2 vol.
La Dame aux Émeraudes. . . . . 1 vol.
Brin d'Amour. . . . . 1 vol.
Les Femmes Honnêtes. . . . . 1 vol.
La tribu des Gêneurs. . . . . 1 vol.
Minette. . . . . 1 vol.

ADRIEN ROBERT.

Jean qui pleure et Jean qui rit. . . . 1 ol.
Les Diables roses. . . . . 1 vol.
Léandres et Isabelles. . . . . 1 vol

ÉLIE BERTHET.

Les Mystères de la Famille. . . . . . 1 vol.
Une maison de Paris. . . . . 1 vol.
Le Roi des Ménétriers. . . . . 1 vol.
Antonia. . . . . 1 vol.
Le Nid de Cigognes. . . . . 1 vol.
L'Étang de Précigny. . . . . 1 vol.

MARQUIS DE FOUDRAS.

Madame Hallali. . . . . 1 vol.
Lord Algernon. . . . . 2 vol.
Un Caprice de Grande Dame. . . . . . 3 vol.
Soudards et Lovelaces. . . . . 1 vol.
Un Capitaine de Beauvoisis. . . . . . 2 vol.
Les Gentilshommes chasseurs. . . . . 1 vol.
Jacques de Brancion. . . . . 2 vol.
La Comtesse Alvinzi. . . . . 1 vol.
Madame de Miremont. . . . . 1 vol.

CHARLES DESLYS

Le Canal Saint-Martin. . . . . 2 vol.
Simples Récits . . . . 1 vol.
L'Aveugle de Bagnolet. . . . . 1 vol.

ERNEST CAPENDU.

Le Pré Catelan. . . . . 1 vol.
Mademoiselle la Ruine. . . . . 1 vol.
Les Mystificateurs. . . . . 1 vol.
Les Colonnes d'Hercule. . . . . 2 vol.
Le Chasseur de Panthères. . . . . . 1 vol.

ALEX. DUMAS FILS.

Sophie Printemps. . . . . 1 vol.
Tristan le Roux. . . . . 1 vol.

XAVIER DE MONTÉPIN.

Fille du Maître d'école . . . . 1 vol.
Le compère Leroux. . . . . 1 vol.
Un Brelan de Dames. . . . . 1 vol.
Les Valets de cœur . . . . 1 vol.
Sœur Suzanne. . . . . 2 vol.
La Comtesse Marie . . . . 2 vol.
L'Officier de Fortune. . . . . 2 vol.
La Sirène. . . . . 1 vol.
Viveurs d'autrefois. . . . . 1 vol.
Les Amours d'un Fou. . . . . 1 vol.
Pécheresses — Pivoine et Mignonne. . . . . 2 vol.
Geneviève Galliot. . . . . 1 vol.
Les Chevaliers du Lansquenet. . . . . 4 vol.
Les Viveurs de Paris. . . . . 4 vol.
Les Viveurs de Province. . . . . . . 3 vol.

ALEXANDRE DE LAVERGNE.

La Duchesse de Mazarin. . . . . 1 vol.
La Pension bourgeoise. . . . . 1 vol.
La Recherche de l'Inconnue. . . . . . 1 vol.
Le comte de Mansfeldt. . . . . 1 vol.

MADAME V. ANCELOT.

Un Nœud de ruban. . . . . 1 vol.
Gabrielle. . . . . 1 vol.
Georgine . . . . 1 vol.

VICTOR PERCEVAL.

Béatrix. . . . . 1 vol.
Un excentrique. . . . . 1 vol.
Un Amour de Czar. . . . . 1 vol.
La plus Laide des Sept. . . . . 1 vol.

DIVERS.

Octave Féré. . . . — **La Bergère d'Ivry.** . 2 vol.
Paul Féval. . . . — **La Louve.** . . . . 2 vol.
Louis Beaufils . . — **Les Secrets du Hasard.** . . . . 1 vol.
Rouquette et Moret. — **Médecin des femmes** 2 vol.
Maximilien Perrin. — **Mémoires d'une Lorette** . . . . 1 vol.
Charles Maquet. . — **Les Orages de la vie.** 1 vol.
Fabre d'Olivet. . . — **Le Chien de Jean de Nivelle.** . . . . 1 vol.
Anonyme . . . . . — **Souvenirs d'une Actrice.** . . . . 1 vol.
Albert Blanquet . — **Les Amours de d'Artagnan.** . . . . . . 2 vol.
La Landelle. . . . — **Contes d'un Marin.** 1 vol.
Champfleury. . . . — **La Succession Lecamus.** . . . . 1 vol.
Bénédict Revoil. . . — **Chasses et Pêches de l'autre monde.** . 1 vol.
Léon Beauvallet. . — **Rachel.** . . . . 1 vol.
Angelo de Sorr. . . — **Les Inutiles.** . . . . 1 vol.
Léon Pallu. . . . . — **Six mois à Eupatoria.** . . . . 1 vol.
Louise Colet. . . . — **Une Histoire de soldat** . . . . 1 vol.
Victor Thiéry. . . . — **Les Gens de notre âge.** . . . . 1 vol.
Louis de Montchamp. — **Jolie fille du Marais** 1 vol.
Jean Bruno . . . . — **Reine des Pieuvres** 1 vol.
Mémoires secrets du duc de Roquelaure . . 4 vol.

Sceaux. — Typographie de E. Dépée.

Sceaux. — Typographie de E. Dépée.

www.ingramcontent.com/pod-product-compliance
Ingram Content Group UK Ltd.
Pitfield, Milton Keynes, MK11 3LW, UK
UKHW020205250726
13967UKWH00003B/1277

9 782012 475588